U-35

Under 35 Architects exhibition

35歳以下の若手建築家による建築の展覧会

2022-23

Gold Medal Award
(UNION 真鍮製)

Toyo Ito Prize
(MARUNI 木製)

U-35

Under 35 Architects exhibition

35歳以下の若手建築家による建築の展覧会

2022年9月30日（金）-10月10日（月）
12：00-20：00［11日間］ 開催期間無休

うめきたシップホール
〒530-0011　大阪市北区大深町4-1 グランフロント大阪 うめきた広場 2F

新型コロナウィルスの影響による延期の場合（2022年4月30日現在）
2023年10月20日（金）-10月30日（月）
12：00-20：00［11日間］ 開催期間無休

うめきたシップホール
〒530-0011　大阪市北区大深町4-1 グランフロント大阪 うめきた広場 2F

主催	特定非営利活動法人アートアンドアーキテクトフェスタ
特別協力	一般社団法人グランフロント大阪TMO　一般社団法人ナレッジキャピタル
特別後援	文化庁　大阪府　大阪市｜EXPO2025　大阪市観光局　毎日新聞社
助成	公益財団法人朝日新聞文化財団
連携協力	西日本旅客鉄道株式会社　阪急電鉄株式会社
展示協力	株式会社インターオフィス　株式会社カッシーナ・イクスシー　株式会社 観察の樹　キヤノン株式会社 ソフトバンク株式会社　株式会社パシフィックハウステクスタイル　株式会社目黒工芸
協力	アジア太平洋トレードセンター株式会社　リビングデザインセンターOZONE 財団法人大阪デザインセンター　公益財団法人大阪産業局
後援	一般社団法人日本建築学会　公益社団法人日本建築士会連合会 一般社団法人日本建築士事務所協会連合会　公益財団法人日本建築家協会　一般社団法人日本建築協会
特別協賛	株式会社ユニオン　ダイキン工業株式会社　株式会社シェルター　SANEI株式会社　ケイミュー株式会社
連携協賛	株式会社オカムラ　積水ハウス株式会社　パナソニック株式会社
事業協賛	株式会社山下PMC
協賛	株式会社丹青社　株式会社乃村工藝社

http://u35.aaf.ac

foreword｜蓑豊（みの ゆたか）

感性を育む美術館

蓑豊（みの ゆたか・兵庫県立美術館 館長）

1941年石川県金沢市生まれ。65年慶應義塾大学文学部卒業。76年ハーバード大学大学院美術史学研究科博士課程修了、翌年同大学文学博士号取得。76～77年カナダ・モントリオール美術館東洋部長。77～84年アメリカ・インディアナポリス美術館東洋部長。85～94年シカゴ美術館東洋部長。86年にシカゴ美術館で東大寺秘宝展を企画し大反響。95年に帰国後は大阪市立美術館長、全国美術館会議会長などを歴任。2004年4月金沢21世紀美術館初代館長に就任。2010年4月より兵庫県立美術館館長に就任。

2021年10月16日、グランフロント大阪で開催された「U-35記念シンポジウム」に今年もご招待頂き、参加しました。U-35との関わりは、数年前、オーガナイザーの建築家・平沼孝啓さんとお会いしたことがきっかけです。若手建築家の皆さんからは、今回も多くの興味を引く作品が発表され、感動を持って拝見しました。

特に若手の人たちや学生、子どもたちへ向けて、私が常々お伝えしているのは、どのような職業に就くにあたっても、感性が非常に大事であるということ、そして感性を育む場所の一つが、美術館だということです。建築は、美術作品と空間とを扱う美術館にとっても大変重要な要素です。建築を考えるにあたっても、感性は必要不可欠だと思います。日本各地をはじめ、世界で感性豊かな街をつくっていく担い手の若手建築家の皆さんへのメッセージとして、私が携わってきたことを含めつつ、未来へ向けて思うところを述べたいと思います。

私はおよそ半世紀にわたり、アメリカ、カナダ、日本で美術館運営に携わってきました。21世紀に世界で生きていく人材に必要なことは、「感性を磨くこと」と「専門分野を極めること」であると考えています。感性を磨くためには、美術や音楽などの優れた芸術に接する機会を持つことが大切です。本物の芸術に触れる機会を提供し、訪れる人の感性を引き出し、その成長に大きく寄与するのが美術館です。

美術は人間とともに歩んできました。人間の手により生み出されてきた作品たちは、人間の歴史が始まって以来、常に私たちの生活と密接に関わってきました。例えば、毎日の生活に使う器や道具、装身具であったり、住居やその装飾であったりと、どんな人の生活にもある身近な存在でした。美術は、観ること、体験することを通して、鑑賞者の感覚に直接メッセージを送るものであり、私たちが生きていく上で非常に重要な、目に見えない何か —感性— を与えてくれます。美術作品に接することは、感じ、発見し、考えるきっかけとなります。感性は、本物を見て感動したり、感じたりすることによって培われ、心に響く経験は、人生のあらゆる側面において発想の原動力、支えになり、勇気を与えてくれたりと、生きる上での可能性を大きく広げ、生きる力を与えてくれるのです。特に、頭も心も柔らかく吸収力のある子どもたち —もちろん、子どもの頭と心を失っていない大人も— にとって、美術館での体験は、彼らが成長し社会を築き上げていく上で鍵となる感性を養うための大切な源となるでしょう。

感性に加え、世界で生きていく人材に必要なことは、専門分野を極めるということです。私は中国陶器の研究を専門にしていますが、大学卒業後、古美術商に住み込みで 3 年半修行し、中国陶器を見る目を養いました。その後海外に渡り、最初は言葉のハンディもありましたが、中国陶器という専門を深めていたことで海外でも認められました。専門分野を持つことは、それ自体が外国でも認められる確固としたものですし、同時に自信にもなります。自信があれば自分を表現し、主張することができます。昨今、英語教育の低年齢化が著しいですが、英語をただ詰め込めばよいのでは決してなく、習得した人間の中身が伴って、初めてその意義を成すのです。英語は例えて言えば、釘を打つときの金槌のようなものです。英語に限らず語学とは、あくまでも国際社会を生きていく上でのツールであり、使いこなすために必要なのは、自信を持ってきちんと自己表現ができること、そして豊かな感性を持つことです。ディベートなど、幼い頃から自分の意見をまとめて発言、発表する機会を多く設けることも一案でしょう。子どもたちの考える力を育て、良い部分を引き出し、能力を伸ばすことが重要です。

日本では「能ある鷹は爪を隠す」といわれ、能力があっても目立たないことが美徳とされていたきらいがありますが、それは国際社会では通用しません。海外では「実力がある」「高い能力を持っている」という事を、きちんと主張することが必要とされています。自分を表現しないことは美徳とは受け取られない上、主張しなければまず認めてはもらえないのです。私が海外で日本人の活動を紹介したり、日本とアメリカとの間に立って仕事をしたりする際、この違いがあるために非常に苦労します。目立たないことを美徳とする日本の社会環境は、グローバリゼーションにおいて障害になっています。この状態では、国際社会では生き残れないでしょう。周りの目を気にせず、誰もが自分らしくのびのびと発言し成長できる社会環境、教育環境が必要です。

ところで、欧米では美術館は街のシンボルであり、市民の誇りであり、生活の一部として定着していますが、日本ではそうではありません。11 年間の大阪市立美術館館長時代に、その理由は、日本では子どもの頃に美術館に行っていないからだと気付いたのです。子どもの頃に美術館に行った人は、自分が親になったときに子どもを連れてまた美術館に行くのです。これはオランダの美術館の統計でも証明されています。大阪市立美術館で、私が大好きなギュスターヴ・クールベの展覧会を開催した際、地元の小学校の校長先生にお願いして、5 年生約 120 人に来館してもらいました。出品作品の絵はがきを渡し、同じ絵を会場で見つけ、印象を書いてもらう企画でした。児童たちは皆すぐに探し回り、真剣なまなざしで絵をみつめ、印象をきめ細かく書いてくれました。驚いたのは、そのうち 95%の児童が美術館に来るのは初めてだったという悲しい現実でした。

現代美術館の金沢 21 世紀美術館に携わることになったのは、当時の山出保金沢市長が、金沢を文化都市にしたいと強い意志を持たれていたからです。その情熱に私も共鳴し、初代館長として同館を鍵に街おこしをすることになりました。金沢は日本を代表する伝統的な街です。開館前にはよく「なぜ金沢で現代美術館？」と言われ、反発もありました。そこで考えたキーワードが「子ども」でした。大阪市立美術館での経験から、金沢 21 世紀美術館では、「子どもたちとともに成長する美術館」をコンセプトの一つに掲げ、金沢市の多くの子どもたちを同館に招待し、大きな成果を挙げました。結果的にこの指針が同館を成功に導いた要因の１つになりました。

アメリカはインディアナ州のコロンバスでは、ディーゼルエンジンを作るカミンズ社の社長が、1940 年代初頭より、自ら街の小・中・高校や図書館、郵便局などの公共建築に投資し、数々の有名建築家にその設計を依頼しました。優れたデザインの建築がコロンバスにあふれるようになった結果、コロンバスで育った子どもたちから名門大学進学者など多くの優秀な人材が輩出され、他都市からも有能な人材が街に、同社に集まるようになりました。コロンバスは全米でデザインに優れた都市ベスト６に選ばれ、カミンズ社も全米を代表する企業に成長しました。この事実は、建築という芸術・文化が次世代に与える創造性を継承することで、豊かな人材が育まれることを証明しています。

当然のこととは存じますが、これからの建築でとても大切なのは、デザイン性と安全性の両立だと考えています。人が生活し、時間を過ごし、仕事をし、集まる場所として、見た目の美しさももちろんですが、大地震や気候変動のリスクに耐えられる建築であることが必須です。SDGs を考えるにあたっても、安全且つサステナブルな建築が求められていることと思います。

最後に、「運」という漢字は、「人が車で運ぶ」と書きます。待っているだけではなく、自ら運んで来なければ運は来ないのです。人が夢を叶える力は、自らの手の中にこそあるのです。国際社会で活躍するにあたって、自ら運を運ぶ主体性を持ち、そしてそのために一生懸命努力する力強さを持った人材が育っていって欲しいと思っています。U-35 展に出展の日本の優秀な若手建築家の皆さんが、これから益々活躍され、将来インディアナ州コロンバスの公共建築の設計に名を連ねることを願っています。

foreword｜音羽悟（おとわ さとる）

神宮の森林経営計画について－持続可能な森づくり・ＳＤＧｓに鑑みて－

音羽悟（おとわ さとる・神宮主事／神宮司庁 広報室広報課長）

1966 年滋賀県生まれ、92 年皇學館大学大学院博士前期課程国史学専攻修了後、神宮出仕。2018 年より広報室広報課長。現在は神宮研修所教員・教学課研究員兼任。皇學館大学神職養成室明階総合課程講師も務める。主な著書に、『悠久の森　神宮の祭祀と歴史』（弘文堂）、『伊勢神宮　解説編』（新潮社）がある。

神宮に奉職してはや３０年の月日が流れた。神明奉仕に精励する傍ら、神宮の祭祀と歴史の研究にも専心しているうちに、神社界はもちろん、学者や文化人をはじめ随分と多くの方々と知己を得た。そんなアカデミックな方々と知り合いになれたのは、私の人生にとっても実に有意義なことであるが、なかでも以下のお二人と親交を深めることができたことは、学問の探究心をさらに高陽させる絶好の機会となった。

一人目は兵庫県芦屋市にお住まいの火置弘氏である。画家を本業とされ、日本はおろかフランスでも数々の賞を受賞されているお弟子さんもお持ちの、その道では有名な方である。ご自身の先祖のルーツを探るのに、考古学や郷土史学も合わせた、多岐に亙る古代史に真摯に向き合われ、実地調査も惜しまず、『天命のままに』他何冊も江湖に出版されている。好奇心旺盛な小生は、『姓氏（せいし）家系大辞典』や『大日本地名辞書』、さらに角川や平凡社の地名辞典にあたられたらどうだろう、また『新撰姓氏録（しんせんしょうじろく）』や『尊卑分脈（そんぴぶんみゃく）』などの古典籍も調べられたら良い、などと口出しをしたりして、火置氏の歴史研究の趣味の世界にお節介にも首を突っ込んでいる。

そしてもう一人が建築家平沼孝啓氏である。平沼氏との出会いとその後の交友関係については、前回と前々回の書籍に詳述したので、ここでは省力するが、はや６年来のお付き合いとなろうか。私が建築学に興味を抱くようになったのは青春時代の頃からである。春日大社の朱塗りの建物と檜皮葺きの曲線美をもつ春日造りに圧倒され、東大寺大仏殿の荘厳な建造物に魅せられ、高校時代に将来建築家になりたいと夢を抱いたこともあったが、神宮に奉職してからも私は好きな建築学に関わる式年遷宮の「造営工事の変遷」や「立柱祭・上棟祭の歴史」等研究を進めた。第６２回神宮式年遷宮を終え、神宮式年造営庁も解散して間もない頃に平沼氏との面識を得て、さらに建築学の魅力に引き込まれていったのである。

　毎年１０月に開催される U-35 のシンポジウムを聴講することを楽しみにしていたが、令和３年のそれは神宮恒例祭中最大の神嘗祭（かんなめさい）と日程が重なり、やむなく参加を見合わせることとなった。当該年の審査で選定された出展者７組のプレゼンテーションを拝聴できないのはいかにも残念であったが、平沼氏から献本いただいた書籍を具に拝見し、７組の若い建築家の発想に、いつもながら感嘆した次第である。私は現代建築にも大いなる興味を抱いているが、伊勢の神宮において神明奉仕する者にとって、やはり魅力的な建築は自然と調和した建物の荘厳さに尽きると思う。

　今日日本の国立公園は３４箇所を数えるようであるが、伊勢志摩国立公園は実に私有地が９０パーセント以上に及び、５，５００ヘクタールを有する。国立公園法に基づき、神宮では高さ１３メートルを超える建造物は建てていない。１０１．８メートルの木造建築の宇治橋を渡り、神域に入っても森に隠れて建物らしきものは見えないような境内の空間が広がっている。神宮の殿舎は周囲の自然と調和して遠目では気がつかない造りになっているのだ。しかし近くに来ると、その荘厳な造りに誰もが圧倒されるようで、自然と一体となった殿舎の格調を引き出している。

　安らぎの空間とは何か。以前滋賀の実家に帰省したとき、年老いた父が心を病む若者が激増していることに嘆き、次のようなことを呟いた。「わしら田舎者は自然の中で、田んぼや畑仕事をして、土にまみれて暮らしてきた。林に囲まれた自然の中で、土いじりをしている田舎もんに鬱病者なんかいないわなあ、鬱病に悩まされている若者は自然の中で暮らしたらいいんやけどなあ」。そんなことを私に言って聞かせたことがある。先日域内での参拝者の会話を何気なしに聞いた際、父から聞かされた言葉を思い出した。ある小春日和の早朝、心地よいとは言いがたい、やや冷たい風に身をこわばらせて宇治橋を渡る途次、参拝を終えた若いカップルが、すがすがしい表情ですれ違い通り過ぎた。そのとき女性の方が「何かよくわからんけど、気持ちいいな。心が晴れたなあ」と明るく彼氏に語るのを耳にした。

中世伊勢神道の唱道者度会家行（わたらいいえゆき）の『類聚神祇本源（るいじゅうじんぎほんげん）』に「神気」という言葉がある。彼女は参宮してその「神気」に触れたのだと咄嗟に思った。「来て、見て、感じる」点に伊勢の神宮の最大の魅力があるのだろう。５，５００ヘクタールを有する神宮の敷地は世田谷区とほぼ同等と言われている。甲子園球場が１，４００個分すっぽり包まれるくらいの広大な敷地を有するのだ。現在の伊勢市の総面積の約４分の１が神宮の土地となる。その大部分が宮域林である。宮域林は、実は全面積の大凡１００年足らずの新しい森で、大正時代に経営計画された森である。今回は紙面をお借りし、神宮の森林経営計画について詳説したい。

大正１１年に神地保護調査委員会が置かれ、林学の大御所、植物専門家１０名が委員として名を連ね、如何に管理していくかが審議された。まず神域と共に神宮の尊厳保持を目的に宇治橋附近から見渡せる山全体を風致林として天然林で残すように決められた。それが現在数値１，０９４ヘクタール（大正当時は１，０３３ヘクタール）の第一宮域林である。ここでは枯れた木とか余分なものは伐るが、それ以外は自然のまま残している。針葉樹、広葉樹、常緑樹、落葉樹と様々な樹木で構成されている。

次に宇治橋から見えないところ、ちょうど反対側に現在数値４，３５５ヘクタール（大正当時は４，２４１ヘクタール）の第二宮域林があり、主として檜の植林（２，９１６ヘクタール）が行われている。式年遷宮にはたくさんの御用材を必要とするので、２乃至（ないし）３００年という長期展望を以て御杣山（みそまやま）を作ろうとしている。宮域林は、神宮の尊厳並びに風致の保全と五十鈴川の水源涵養に大きな役割を果たしている。現在、神宮の宮域林の天然林は典型的な照葉樹林として世界的にも有名になってきた。しかし江戸時代長きに亘り、伊勢の町民や膨大な参詣者のために薪や炭焼きとして神宮の森から木がすっかり伐り出されて、明治維新当時は既に禿げ山と化していたと思われる。その結果近世以降は五十鈴川の氾濫や山崩れが多くなった。殊に大正七年の水害では、朝熊山の雨計量が一日３５０ｍｍを計測し、豪雨のため宮域林内で１９９箇所の崩壊が発生し、五十鈴川の水位が宇治橋を上回ったと言う。内宮の門前町も殆どが水に浸かり、床上浸水が１，４００戸位と相当の大洪水だったのであろう。こういった災害を防ぎ、五十鈴川の水源涵養をはかることは、神宮と伊勢の住民とに共通する重要課題となった。と同時に神宮社殿を囲む森を古代の豊かな森に戻しつつ、遷宮用材を自給する御杣山を復活させることも当時急務とされた。林学の先駆者、東大農学部長の川瀬善太郎、林学者本多静六などが中心に「神宮森林経営計画」を作成し、帝室林野局が用意していた８，０００ヘクタールの神宮備林と並行して遷宮用材の育成に取り組んだ。本多静六は明治神宮の森林計画を立てた人としても知られる。

以上の理由で針葉樹と広葉樹の混交林が結成され、檜や杉の単純林よりもうまく循環するという森林生態系に好結果をもたらしたのである。今日宮域林の保水力は著しく向上して、昭和５７年８月に発生した一日４５５ｍｍの降水でも崩壊はなかった。また平成９年の台風１９号は宮川流域に一日３５６ｍｍの大雨をもたらしたが、五十鈴川の水位は増大せず、宇治橋より下流域を守った。最近ＳＤＧｓという言葉をよく耳にする。持続可能な開発目標として、神宮の森はＳＤＧｓそのものと言っても過言では無い。森の中で木の葉の舞う姿は時代を問わず誰もが目にする光景であるが、幾千年の月日のなかで何億万の落ち葉も生き、古代人も現代人も目にする景観は同じであり、大自然の営み・循環は不変である。新たな木々の芽吹きのために土に身をかえいのちをつなぐ。永遠を約束する自然と共に生きる、老化しない精神性に常若の定義が見いだされる。それは２０年に一度斎行される神宮式年遷宮の理念にも通ずる。

建築学においてもＳＤＧｓの思想は相俟ったものであろう。神宮の森づくりと対比しながら、若い建築家の斬新な作品を拝見したいものである。平沼さんからＵ－３５の記念シンポジウムのお誘いを頂戴する限り、今後も楽しみに参加したいと思う。

10会議｜８人の建築家と２人の建築史家による建築展の考察

芦澤竜一、五十嵐淳、谷尻誠、平田晃久、平沼孝啓、藤本壮介、吉村靖孝、五十嵐太郎、倉方俊輔

10 process in architecture exhibition

―― これまでの展覧会を振り返りながら、公募で募られた出展者の一世代上の建築家と建築史家により、U-35（以下、本展）を通じたこれからの建築展のあり方と、U-35 の存在を考察する。

「10 会議」の発足

2010 年、U-30 として開催を始めた本展は、世界の第一線で活躍する巨匠建築家や出展者の一世代上の建築家と議論することで、あらたな建築の価値を批評し共有しようと召集された。巨匠建築家には伊東豊雄。そして一世代上の建築家として、全国の地方区分で影響力を持ちはじめ新たな活動を行っていた建築家・史家である、東より、北海道の五十嵐淳をはじめ、東北の五十嵐太郎、関東の藤本壮介、関西の平沼孝啓、そして中国地方の三分一博志や、九州地方の塩塚隆生など、中部と四国を除いた、日本の 6 地域から集まった。そして開催初年度に登壇した、三分一、塩塚など1960 年代生まれの建築家から、開催を重ねるごとに 1970 年代生まれの建築家・史家が中心となる。3 年後の 2012 年には、8 人の建築家（五十嵐淳、石上純也、谷尻誠、平田晃久、平沼孝啓、藤本壮介、2013 年より、芦澤竜一、吉村靖孝）と 2 人の建築史家（五十嵐太郎、倉方俊輔）による現在のメンバーにより開催を重ね、9 年が経つ。そもそもこの展覧会を起案した平沼が「一世代上」と称した意図は、出展の約 10 年後に過去の出展者の年齢が一世代上がり、世代下の出展者である新時代を考察するような仕組みとなるよう当初に試みたのだが、この 10 名が集まった 4 年目の開催の時期に、藤本が「この建築展は、我らの世代で見守り続け、我らの世代で建築のあり方を変える」という発言から、本展を見守り続けるメンバーが位置づけられていった。そして同時期に、五十嵐太郎の発案で「建築家の登竜門となるような公募型の展覧会」を目指すようになる。

ここで振り返ると、開催初年度に出展した若手建築家との出会うのは開催前年度の 2009 年。長きにわたり大学で教鞭を執る建築家たちによる候補者の情報を得て、独立を果たしたばかりである全国の若手建築家のアトリエ、もしくは自宅に出向き、27 組の中から大西麻貴や増田大坪、米澤隆等を代表する出展者 7 組を選出した。その翌年の選出はこの前年の出展者の約半数を指名で残しながら自薦による公募を開始し、他薦による出展候補者の選考も併用する。はじめて開始した公募による選考は、オーガナイザーを務める平沼が担当し、応募少数であったことから、書類審査による一次選考と、面接による二次選考の二段階審査方式であった。また海外からの応募もあったことから 2011 年の出展を果たした、デンマーク在住の応募者、加藤＋ヴィクトリアの面接は、平沼の欧州出張中にフィンランドで実施された。また、他薦によるものは、塚本由晴による推薦を得て出展した金野千恵や、西沢大良による海法圭等がいる。つまり 1 年目は完全指名、2 年目の 2011 年からは、前年度出展者からの指名と公募による自薦、プロフェッサー・アーキテクトによる他薦を併用していた。そして、現在の完全公募によるプログラムを実施したのは、開催 5 年目の 2014 年である。完全公募による審査をはじめた初代・審査委員長を務めた石上が、自らの年齢に近づけ対等な議論が交わせるようにと、展覧会の主題であったU-30を、U-35として出展者の年齢を5歳上げた時期であり、それから今年の開催で 8年が経つ。また、この主題の変更に合わせてもう一つ議論されていたアワードの設定（GOLD MEDAL）は、完全公募による選考と出展者の年齢が 35歳以下となった翌年の 2015年、公募開催第 2回目の開催であったが、審査委員長を務めた藤本が、はじめてのゴールドメダル授与設定に対し、「受賞該当者なし」と評した。しかしこれにより大きく景気付けられ、翌年には伊東豊雄自らが選出する「伊東賞」が、隔年で設定するアワードとして追加され、それぞれの副賞に翌年の出展者となるシード権を与えられるようになる。振り返れば、タイトルを変えてしまうほどの出展年齢もそうだが、プログラムが徐々にコンポジットし変化し続けているのが、本展のあり方のようだ。2019年に 10年間の開催を終え、基盤をつくり準備を整えた本展が､あらたな10年を目指そうとした2020年に発生したコロナ禍での開催という大きな試練の中、今年も無事、本展は 12回目の開催を迎えた。

この出展者の一世代上の建築家・史家たち 10名が一同に揃った昨年のシンポジウム開催後に場を設け、2022年に開催 13年目を迎える今後の U-35のプログラムについて存在のあり方を議論すると共に、ファインアートの美術展のように展覧会自体が発表の主体とならない、発展途上の分野である建築展のあり方を模索する会議を「10会議」と名づけ、2017 年より開催している。今回は一昨年、昨年の審査委員長を務めた倉方俊輔と谷尻誠、2021年開催の審査委員長を務めた吉村靖孝、そして来年の審査委員長を務めることになった芦澤竜一を中心に、第 5回目の「10会議」を開催した。

―― この開催が継続するエンジンのような、恒例の「10 会議」をはじめさせていただきます。この会議は、出展者の一世代上の建築家・史家たちが一同に揃うシンポジウム開催後に場を設け、U-35 のプログラムから存在のあり方を議論すると共に、ファインアートの美術展のように、展覧会自体が発表の主体とならない、発展途上の分野である建築展のあり方を模索する会議を「10 会議」と名づけ、毎年審査委員長を務めていただいた先生を中心に議論を進めていただいております。それでは第 5 回目の「10 会議」を開催いたします。開催当初より本展の当番をしてくださっている平沼先生、本日も進行の補足応答をどうぞよろしくお願いいたします。あらためまして長時間にわたり、本日も大変、お疲れさまでございました。またこの情勢の続く中でも、奇跡的に開催ができましたことを感慨深く感じています。12 年目の U-35 2021 記念シンポジウムをただ今、終了させていただきました。まずは今年の出展者を振り返り、印象をお聞かせください。出展者の選出の際、大変悩まれながら、本日 GOLD MEDAL を決定された、吉村先生よりお願い致します。

吉村：応募資料で選ぶときは、情報が限られているので非常に悩みました。でも会場で展示物を見れば、図面も模型もありますし、会場の構成の仕方自体にも建築家の資質みたいなものが現れているような気がしたのでそんなに迷わずに選べました。ただ、いざ GOLD MEDAL 選出となるとシンポジウム会場に入る前からとても悩んでいました。シンポジウムの議論の行方によっては、結果とは違う作品になる可能性もありました。

平沼：展示作の工事種別は、更地への新築と同一敷地内の増築と室内のリノベーション、現在実現していないアンビルド作がありましたが、今回の審査に影響しましたか。

吉村：いや、あまり種別は考えていませんでした。それほど大きな仕事をやっているわけではないし、小さなものの中で解像度を高く、試行錯誤している状態での比較だったように思います。これらの作品が正直、どの程度の飛距離があるかというのは、今回だけでは分かりません。それぞれにテーマのバラエティが存在して、環境に向きあう姿勢が、僕たちに近いような気がします。それぞれ強引な印象ではなく、優しいなぁと思いました。

一同：そう、優しいね。

平沼：来年の審査委員長を務められる芦澤さんがどのように考えられるのか分かりませんが、吉村さんは今回、人を見たのか作品を見たのか、両方なのか、教えてください。

吉村：「作品は見てない」と言ったら叱られるかもしれませんが、実際に見に行き、体験した作品はひとつもありません。「つくる人の頭の中はこうなっているんだろうな」ということを間接的に想像する。建築を通して、建築家として何を考えているかを想像し、その解釈を共有するということです。U-35 は建築家を選ぶ会で良いのではないですか？

藤本：リアルに出来上がった建築だけが建築家の全てではないし、出展作を通じてどのように想像したか、共有体験ができることは素晴らしいですよね。僕ら同じ建築家たちが集まっている意味も含めて吉村さんの発言は素晴らしいし、さすがですね。

—— 昨年、一昨年の審査委員長を務められた倉方先生、谷尻先生、どのような感想をお持ちでしょうか。

倉方：展示のクオリティが年々増してきた印象を持っています。建築展の展示は、「建築を展覧会でどうやって見せよう」かと、試行錯誤を重ねてきた集積を見ているように思います。受け手側への伝達意識も蓄えられた展示の構成に配慮があるのも印象的でしたし、クオリティがまた一歩、高まったのだと思います。それはひとえに、今年の審査委員長を務められた吉村さんが良く選んだということでしょう。

吉村：（笑）そう言っていただけると、悩んだ甲斐がありました。

倉方：（笑）予めの情報が少ない公募から 4 名を選出されたのは、はじめてのことでしょう。そしてあれだけのバラエティとクオリティが揃っているというのは、吉村さんの持つ、ディレクションの才能というか力量と知見が、会場の、あの空間を可能とした。本当に良い展覧会で、一人でも多くの方に見てもらいたいなと思いました。

藤本：公募が 4 つなんですよね。それがすごいです。

平田：誰が推薦枠だったんですか？

平沼：今年、推薦枠で出展された中では、板坂さん、榮家さん、鈴木さん。それ以外は公募です。

藤本：アーキペラゴは、公募だったっていうことですか？

平沼・吉村：はい、そうです。

藤本：鈴木さんは優秀で、とても楽しみですね。あとアーキペラゴ、あいつらはやばいですね（笑）。

倉方：彼らは凄くなるだろうね（笑）。

藤本：あと宮城島さんは五十嵐淳さんが推薦されていましたよね？

五十嵐淳：何年か前ですね。

藤本：北海道の方ですね。

平沼：宮城島さんは 2020 年に淳さんが推薦していますが、谷尻さんに落とされています。

一同：アハハ（笑）

平田：なるほど。それはそれで、個性という思想ですからね。

平沼：はい、榮家さんも谷尻さんに落とされています。

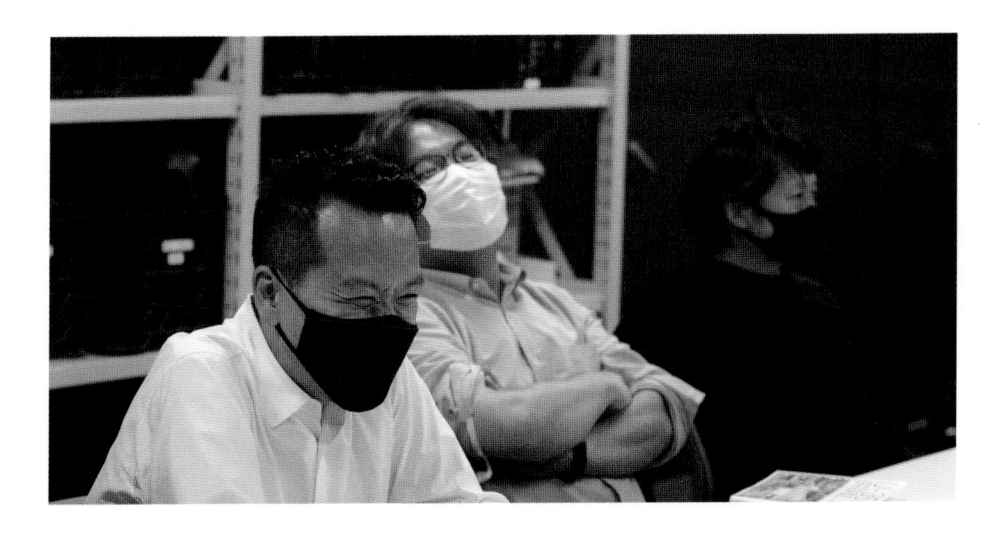

一同：わはは（笑）

倉方：やはり吉村ディレクションという感じですね。

藤本：ほとんどリベンジで選出されていた年なんですね。良いですね。

平沼：ちなみに本日の GOLD MEDAL を受賞した板坂留五さんは、吉村さんが推薦して、これも谷尻さんに落とされています。

一同：ガハハハッ（爆笑）

藤本：結果として見返すと、おもしろいですね。

谷尻：弁解をさせてもらいますと、書類選考でみた印象と展示と本人から受ける印象が全く違うじゃないですか。今日の展示やシンポジウムでは、榮家さんのことを良いなぁと思ってしまったのです。だから直接お話を聞けたのは良かったですが、皆さん、応募書類を整える時に、もう少し頑張って印象づけてほしいです。

平田：年ごとに対抗がいますし、タイミングにもよりますね。

平沼：今年も１月末の週末に締め切った応募資料を土曜日にまとめ、日曜日の朝に宅配で吉村さんに届けました。翌日月曜日の朝、研究室に伺うと大きな机に仕分けされて並んでいました。

谷尻：凄い！というのかずっと見ていた？

平沼：はい（笑）。その状態から更に、4～5時間かけて悩まれ、決まった頃には日が暮れていました。

藤本：確かに今回のメンバーは皆さん、良かったですよね。特に今年は、吉村さんの思想を感じました。

一同：うんうん、そうですよね。

平沼：吉村ディレクションの展覧会としても、見ることができました。

倉方：そう、一体的なディレクション感が出て、グループ展の意味を感じることができました。ある種の共通性もあるように思えたし、個別に頭も刺激する展覧会だなと思いました。

芦澤：来年の審査委員長を務めるプレッシャーを感じてきましたが、13 回目となる来年の展覧会に向けて、どのように選出方法を備えていくのがよいのでしょうか。

谷尻：皆さんも同じだと思いますが、選出のテーマを持つことでしょうか。僕の場合は、設計手法やプロセスより、結果的に、気持ち良い空間になっていてほしいという気持ちがありました。さすがに設計表現のクオリティは高いけれど、それが本当に気持ち良い空間に落としこまれているかと言うと、やや怪しいと感じました。本当は現地に行き体験しないと分からないのですが、それでもその 1 歩前に「そこに行ってみたい」とか「感じてみたい」と思わせてもらえる作品の応募であったかどうかを見るようにしていました。最終的には、何とも言いようのない雰囲気や空気感みたいなものが漂うものだと思います。設計力、紙面のクオリティにある程度の高さがあっても、空間性を語るには、まだまだだと感じる。それはきっと僕らも同じで、そこをずっと目指し続けるべきだと思いますが、そういうところのゴール地点のあり方みたいなものは、今一度、応募する時点で彼らも考え直すべきで、僕らもこういう機会を通じて、考え続けるべきだなぁと思います。

―― 5 年前、第 1 回目の「10 会議」が発足され、本展のあり方を議論させていただく場で、出展者の選出方法として他薦である推薦枠を追加し、1 他薦・推薦枠、2 自薦・公募枠、3 シード・指名枠との 3 枠といたしました。また一昨年の開催中、GOLD MEDAL を獲られた秋吉さんから、出展者世代の方が若手の同世代の存在を多く知っているとのご助言をいただいたことから、今年も本展への出展者より各 2-3 名のお薦めリストをいただき、これも参考にしながら、皆様から出展候補者を選出いただきました。来年の 10 名による選出者の簡単な紹介を五十嵐太郎先生よりお願いいたします。(1986 年 4 月生まれ以降の方が応募範囲内（2022 年 3 月末日時点で 35 歳以下)

【2022 年推薦】審査委員長：芦澤竜一

０１. 五十嵐太郎 ● 佐々木慧 | axonometric
０２. 倉方俊輔 ● 石黒泰司 | ambientdesigns
０３. 芦澤竜一 ○2022 年 審査委員長のため不選出
０４. 五十嵐淳 ● 森恵吾 + 張婕 | ATELIER MOZH
０７. 平田晃久 ● 西倉美祝 | MACAP
０８. 平沼孝啓 ● Aleksandra Kovaleva＋佐藤敬 | KASA
０９. 藤本壮介 ● 杉山由香 | タテモノトカ
１０. 吉村靖孝 ● 甲斐貴大 | studio archē

【2020 年推薦】審査委員長：谷尻誠

０１. 五十嵐太郎 ●山道拓人 千葉元生 西川日満里 | ツバメアーキテクツ
０２. 倉方俊輔 ●勝亦優祐 丸山裕貴 | 勝亦丸山建築計画
０３. 芦澤竜一 ●山口晶 | TEAM クラプトン
０４. 五十嵐淳 ●宮城島崇人 | 宮城島崇人建築設計事務所
０５. 石上純也 ●葛島隆之 | 葛島隆之建築設計事務所
０６. 谷尻誠 ○2020 年 審査委員長のため不選出
０７. 平田晃久 ●松井さやか | 松井さやか建築設計事務所
０８. 平沼孝啓 ●榮家志保 | EIKA studio
０９. 藤本壮介 ●山田紗子 | 山田紗子建築設計事務所
１０. 吉村靖孝 ●板坂留五 | RUI Architects

【2021 年推薦】審査委員長：吉村靖孝

●原田雄次 | 原田雄次建築工藝
●太田翔＋武井良祐 | OSTR
●山口晶 | TEAM クラプトン
●森恵吾＋張婕 | ATELIER MOZH
●岸秀和 | 岸秀和建築設計事務所
●鈴木岳彦 | 鈴木岳彦建築設計事務所
●松下晃士 | OFFICE COASTLINE
●榮家志保 | EIKA studio
●板坂留五 | RUI Architects
○2021 年 審査委員長のため不選出

上記の他薦・推薦枠より 2-4 組、自薦・公募枠により 2-4 組、
●推薦枠・公募枠による選出数は、当年の審査委員長・選出数による。

五十嵐太郎：佐々木慧さんを推薦します。「せんだいデザインリーグ・卒業設計日本一決定戦」を2006 年からは地元で見てきたのですが、2010 年に彼は当時九州大学にいて、最終的に 2 位になった方です。半分狂気性を秘めた物凄くフルマリスティックなデザインの作品「密度の箱」を出してきたのが印象的で、名前は忘れていたのですが、プロジェクトは覚えていて、推薦者を探している時に彼のホームページを見てこの人だと気づきました。卒業設計展の後、藤本さんの事務所に入り、最近、独立されていたので、行方を追いたいなぁと思って推薦しました。

藤本：うちにいたのですが、とても優秀でしたね。

五十嵐淳：兄貴の方も優秀なんだよ。数年前に一度、兄貴を U-35 に推薦したけど通らなかった！

一同：アハハ（笑）

藤本：兄弟二人で独立してやってるんですか？

五十嵐淳：お父さんが長崎で設計事務所をされていて、二人とも九州大学に吸収された九州大学大学院芸術工学研究院の出身。二人とも学生の時に、うちにオープンデスクに来ていたので知っていました。

五十嵐太郎：ホームページを見ると卒業設計から載っているのです。本人もそれなりに自信作というか、きっと出発点だと思っているのでしょうね。

倉方：僕は、直接は知らないのですが石黒さんを推します。作品の資料を見ていると器用という言い方もできますが、店舗やプロダクトなど、他領域のデザインにも取り組んでいます。きちんと売れるだろうなという印象はもつのだけれど、媚びてない印象があるのです。それぞれのいろんなスケールが融合した展示計画を出してくれることに期待して、本展がもう一段、飛躍する起爆剤になってほしいと願います。

五十嵐淳：僕は昨年と同じ、ATELIER MOZH を推しました。

吉村：今年の応募資料の中にあった、丸いタワーの人ですね。僕は最後まで悩んでいました。

平沼：芦澤さんはどう見られるか分かりませんが、すごく優秀な方たちですね。次は平田さんお願いします。

平田：西倉さんです。SD レビューに選出した時に彼に会ったんですが癖があるんですよね。結構よく喋る（笑）。喋る人を入れると面白いのではないかと思いました。坂事務所に 2 年間いたみたいです。でも彼のウェブサイトを見たら、最近建築やってなさそうなのです。オフィスの家具のプロジェクトを住宅特集か何かでやっているのですが、テーブルをぎゅっと一個にしたものでそれなりに面白いんですが、この U-35 を機会にもう少し建築をつくってほしいなと思って推しました。

平沼：僕は、今年のヴェネチア・ビエンナーレで特別表彰を受けられた佐藤さんたちです。年齢的に間に合いそうでしたので、U-35 という場で真価を問うためにも、呼び出してみたいと思いました。

藤本：僕は、電機大から芸大に行って伊東さんのところを経て独立された方、杉山さんを推しました。神津島という島に入り込んでプロジェクトを起こしたり、ワークショップ方式の設計をされたりしていて、面白そうだな、と思って選びました。

吉村：甲斐さんは、芸大の学生時代に自分で家具制作会社を設立していて、彼の学生時代からちょこちょこ色々な所で噂を聞いていました。正直、本人が何をデザインしているのか知りませんが、面白そうなので話を聞いてみたいと思いました。

芦澤：どんな応募者が集まるのか、まったく想像できず困りました（笑）。今年、吉村さんから「調停的」と言われた話がありましたが、藤本さんがその、フワフワではなくて、シャバシャバ？

倉方：モシャモシャだな。

五十嵐太郎：バシャバシャだ！

藤本：ワシャワシャです（笑）。ワチャワチャはちょっと失敗でした、ごめんなさい。要は、漂っていると言いたい。漂っているのが、微かにまとまっているという表現です。

芦澤：そのニュアンスや喋り方が、なんて言うのか、彼らを優しいという言葉でまとめていましたが、あまりボールを遠くに投げないで、今の自分たちが向き合っている現実の少し先で議論したいと思う感覚に、僕は少しフラストレーションを感じていました。

藤本：それは僕らが、古い考えになっているのですよ。

芦澤：まぁ、それもあるのですがね。

倉方：来年は展覧会会場の風景が違いそうですね。

芦澤：個性的というのか、色々なタイプが出てくるといいですね。

藤本：芦澤さんキュレーションは、相当、ヤバそうだよな（笑）。おもしろいかも。

吉村：芦澤さんの名前を見て、今年は、私の、僕の年だって思う人がいるでしょうね。

平沼：因みに推薦候補者を挙げ出したこの 5 年間で、100%出展させたのは藤本さんですね。

藤本：おー、なんだかよく分からないけど、イエーイ！（笑）

平沼：芦澤さんが 3 戦 3 勝で来てたんですが、昨年からの候補者が出展できない（笑）。

芦澤：選択肢が尽きました（笑）。

平沼：設計事務所出身者率は、ダントツ一位なのは吉村事務所出身者です。

一同：すごい。

平沼：今までの比較対象で未来は語れませんが、いろんな側面から、芦澤さんセレクトで選出いただければと思います。

芦澤：わかりました！

藤本：来年も楽しみですね！

―― それでは来年開催の議論をはじめて頂きたいと思います。そろそろこの上世代の皆様に、女性の建築家の方にもご参加をいただくような議論をいただけないかと思います。2025 年に向けて、大阪に通われている藤本先生や、京都に通われている平田先生、大阪を拠点にされている平沼先生など、関西に所縁のある方からお願いいたします。

藤本：最近、若手サイドには毎年、女性がいるのに、世代上サイドが男ばかりであることに気づきました（笑）。

平沼：そうなんです。この数年間の GOLD MEDAL 受賞者を見返すと、中川エリカ、山田紗子、そして今日の板坂留五と、女性が選出されることが多い印象です。もちろん毎回の審査委員長が変わるので、女性贔屓に感じる側面はないし、議論や審議は公開されていますので、共有された方から何か異論があった訳でもありません。ただ上世代にも入っていただくことで、ある種同性への厳しさのような多角的な視点を持つことも大切なのではないかと思うようになりました。

藤本：女性の建築家は、下の世代も上の世代にも優秀な方がたくさん居るから、助けていただきたいことと、特に僕と平沼さんの二人は、代表理事を務めていることもあってですね・・・。

平田：何ですか？君たちは、抜けようとしているんですか？（笑）

一同：アハハ〜（笑）

谷尻：（笑）なになに？自分から言わないように、言ってもらおうとしているのですか？

藤本：僕らがガ〜っと喋るよりは、話の振りや交通整理の役割ができたらどうかと思うのです。

吉村：なるほど。

平沼：藤本さんとモデレートの役割をした方が良いんじゃないと思うようになったのは、太郎さんと倉方さんに、十数年来その役割を頼り切っていたことにあります。史家・批評家は本来、論じる側の役割を担っていただいた方がいいのではないかと。作家である建築家が言葉にできない事例を挙げながら持論を論じてもらいたくなりました。

藤本：そこが上手く回るように、裏方じゃないけど、横にいて進行もできるようにがんばります！

平沼：横に居て、もちろん議論にも参加しますね。

五十嵐太郎：男性ばかりというのはこの時代異様な雰囲気もありますし、でも誰をお誘いするのかにもよりますね。

平沼：いきなり全く関連がない方をお誘いしても困られると思います。開催地大阪や、本展に所縁

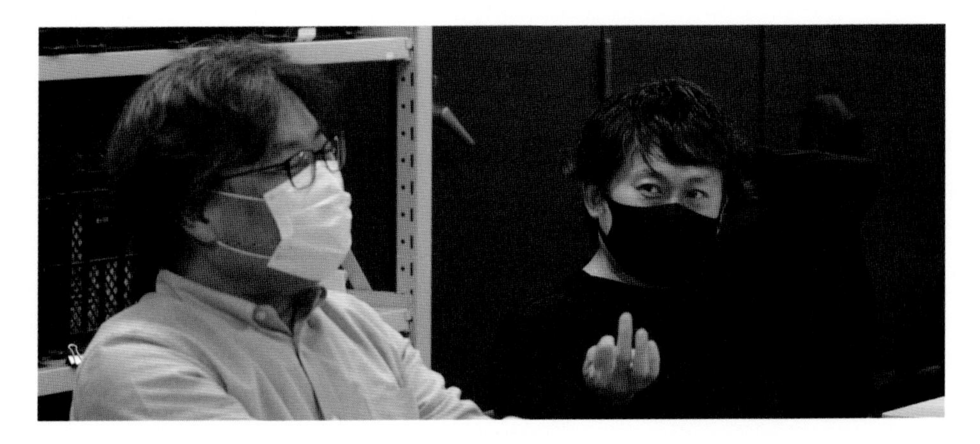

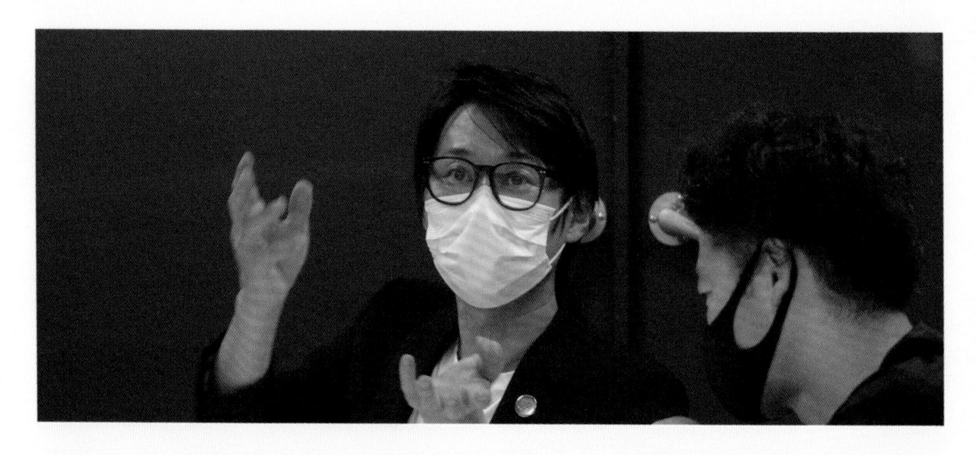

のある方、また建築展に興味をお持ちで理解がある方が良いように思います。活躍されている女性の方は多くおられますので、ご相談するようにしますね。ただ、僕らの世代が学んだ学生時代、建築学科にいた女性比率が確か、1割〜2割と相当低かったように思います。

五十嵐太郎：僕の時は1割以下というか、同級生では1名のみでした。

藤本：本当ですか？うちは、2割ぐらいは居たと思います。

吉村：そう、僕の代も2割くらい居たと思います。

平沼：あまり人数や比率に拘らず、まずは女性の建築家をお誘いすることから始めてみます。

平田：うんうん、いろんな意味で結構、面白くなるかも知れないですね。

倉方：歴史家や批評家は、なかなか女性で活躍されてくる方が出てこられていないようです。建築家サイドに女性が入られる中で、だんだん史家・批評家サイドにも入っていただければ視野が広がりますね。

―― ありがとうございます。また、本展のような建築展を継続的に取り組む意図のひとつとして、今後の建築展の在り方に実験的に取り組んでいきたいと感じています。50万人を超える程の「建築の日本展」に関わられた倉方先生、「インポッシブルアーキテクチャー展」に関わられました五十嵐太郎先生より、どのように建築展の在り方を模索していけば良いのかお話しいただけないでしょうか。

倉方：ちょうど今、京都市京セラ美術館で「モダン建築の京都展」を開催しています。森美術館で開催した「建築の日本展」の中心人物、前田さんが同じく関わっておられて、この展覧会もすごく面白いです。物が多いんです。施主の会社がどういう会社かとか、実際に使われていたインテリアを持ってきたりしていて、図面とか模型だけではなく、建築ができたことによって人々にどのような心理的影響を与えたかとか、どういう社会状況の中で作られたかがわかるようになっています。建築をつくるとか使うだけではなく、当時の社会の中でどういう見え方になったのかが浮かび上がってくるようになっています。今日の展覧会も、図面や模型というものを超えて社会的に、また受け手にとってどういう存在であるかということを展示しようとしていたと思います。そういうことが今の建築展の向かっている方向と同期する感覚だなと思いました。

五十嵐太郎：見せ方の実験を色々やったら良いと思います。国立近代美術館でやっていた隈研吾展では、アーティストが 3 人参加し、彼らが隈さんの作品を解釈して、紹介するパートは面白かったです。学芸員がすごく工夫したなと思いました。今日も最終的に高く評価された建築家はすごく面白い展示の方法でした。板坂さんがオープンハウスの時に喋った原稿があって、意外に前例がない。読んでいると、こんな風にぐるぐる家を回って説明した臨場感がわかったんです。それから膨大なファイルやノートのスクラップブックもめくってみて、やはりオリジナルの建築は会場に持ってこられないけど、ある迫力を伝えられていました。榮家さんも、住宅を分解して、視点場を工夫し、独特な見せ方をしていました。あとアーキペラゴの映像がうまいなあと。すごく良く撮れていました。ですので、展示の仕方も褒めてあげると、来年参加する人もきっと頑張ろうと思うと思います。もちろん本物が良いのは前提ですが、全く無関係とも思えない。やはり良い作品をつくっている人は見せ方もうまいなと今回改めて思いました。

平沼：ありがとうございます。この 5 年間の報告として、この展覧会で GOLD MEDAL を設定し競わせることを提案してくれた太郎さんのおかげでこの会が盛り上がるようになってきました。現在の他薦・自薦の仕組みが良いのだと思うのですが、毎年応募者が集まり、経過の発表をすることで意欲のある方が出してくださるようになりました。シンポジウムはこの 12 年間、このメンバーでほぼやってきましたが、今後少しずつ女性の建築家にもお越しいただくことで、刺激的にもなるかもしれないし、いろんな要素が加わるかもしれません。

藤本：もう少し議論に時間を取りましょう。

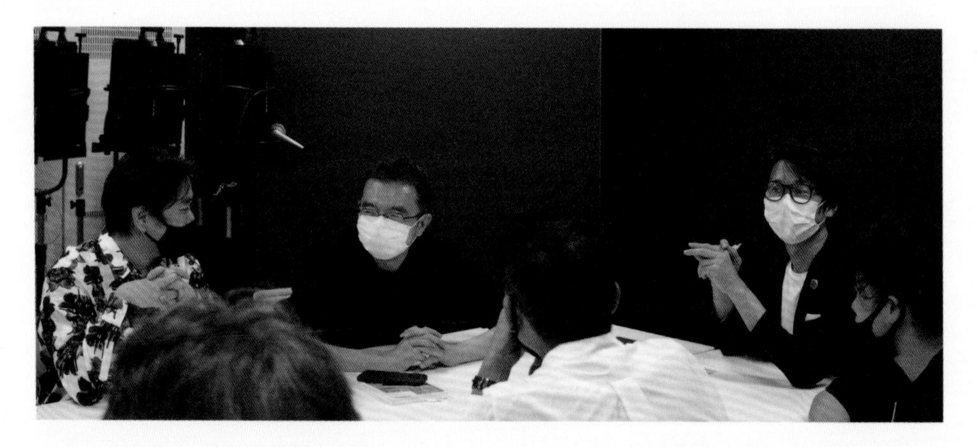

平沼:そうですね。シンポジウムのディスカッションに重きをおいて、議論に花を咲かせましょう。シンポジウムの開催時間は現在、4 時間です。南港の時は最大で 7 時間でした。

平田：そんなに、やってましたか（笑)。

平沼：なので 5 時間くらいにすれば良いかなとも思っています。内訳の時間を調整しながらね。

——— 最後になりましたが、引き続き今年の応募条件をこのまま、独立した U35（35 歳以下）の設計を募ります。そしてこれから応募してくる若手へ、この 10 会議の兄貴役の五十嵐淳様よりアドバイスをいただけないでしょうか。

平沼：先ほど図録のサイン会場でも、学生が淳さんのお話を非常に聞きたがっていました。今回の壇上での議論は、藤本さんや平田さんに向いていましたが。

五十嵐太郎：初めての展開でしたね。

五十嵐淳：指摘をしているときに「あなた達は正しい」と言っているように聞こえてしまうのです。僕もばっさり切っているからそれもおかしいと思っていますが、正しいって本当にそんなに言い切れるのかと思うんです。

藤本：そう聞こえた？

五十嵐淳：そう。正しさって何？って本当に思うんですが、正しかったらつまらないと思うんです。あの人たちの年齢で正しかったらさ、無茶苦茶な人たちがもっと現れて、わけの分かんないことになるかもしれない、あなただって未だにモヤモヤしたこと言っていますよね。今日言っていたのは何でしたっけ？

藤本：漂ってる。

一同：アハハ。（笑）

五十嵐淳：それはなんかさ、若い人は当然漂っているもので、それを明確に表現しろって言う方が難しいんじゃないかって思うのです。

平田：漂っているって、若干かっこつけてるんですよね？

藤本：わはは。そうかも（笑）。

五十嵐淳：もう僕らも50歳にもなって、漂わせるのはやめて言語に定着させて責任感を持って発言しなきゃいけないんじゃないですか？

一同：アハハ。

藤本：漂っている、という表現は、最大の責任感を持って、彼らのやっていることを理解して説明してみたらこうなるかなと思っているだけで、別に正しいと思って言っているわけじゃないんですよ。

五十嵐淳：あぁ。

藤本：こういう風に言ってみたらどうだろうかっていう仮説を、漂っているって言ってみたら何かを捉えられないかなって話ですよ。多分平田の修行というのも一緒だと思いますが・・・。

平田：修行っていうのが正しいこととは到底思えないもんね。勝手に思い込みでやっているようなことですよね。

藤本：漂っているという言葉自体、わけが分からなくなってきました。

平田：フワフワしているというのを捉えたいっていうことですよね。

五十嵐淳：伸ばすきっかけを与えるみたいな話をしてる？

藤本：そうそう、僕らも理解したいと。

五十嵐淳：それもさ、偉そうな立場じゃない？（笑）

藤本：（笑）違う、違う、偉そうにしたいわけじゃない。こういう風に言ってみたら、何かが見えるかな？と思って、言葉を探しているのです。

五十嵐淳：だからもっと勝手にやらせといたら面白いことを発見するかもしれないのに、その適当な言葉で発したアドバイスによって、変な方向に振れたらつまんなくならないか？と。

藤本：それはアドバイスではないんです。

平田：場合によっては、そういう変な言葉に引っかかってダメになる人もいるかもしれないけれど、場合によっては、「あ、そういうことかもしれない」っていう勘違いで、別の高みに行くかもしれませんよ。

藤本：あの陶芸の彼が修行始めたらどうします？

平田：大丈夫ですよ、彼は相当強い自我をお持ちの様子でしたから。

藤本：平沼さん、僕、そろそろ、最終の新幹線に乗らないとなりません。これこそ淳さんを囲んで皆さんとお酒を飲みながらやれると一番良いんですが。来年こそはね。

平沼：はい。淳さんの発言もよく理解できますし、この情勢の好転に期待してぜひ、来年はやりましょう！

U-35 2021シンポジウム会場の様子

―― 皆さま終日にわたり、誠にありがとうございました。本日は、展覧会会場での視察にはじまり、4時間余りのシンポジウムの後、この会議の場にご参加いただき、貴重なご意見をいただきまして感謝しております。最後となりましたが、来年のシンポジウムは、2022年10月1日土曜日と決定しておりますので、皆さま、13年目の開催もどうかよろしくお願いいたします。本日は、誠にありがとうございました。

2021 年 10 月 16 日
U-35 シンポジウム会場 上階・北館 5 階 ナレッジシアター・控室

special interview 前半 ｜芦澤竜一（あしざわ りゅういち）

インタビュア：平沼孝啓（ひらぬま こうき）

――2015 年、本展を現在の大阪駅前・うめきた広場に開催場所を移した年から、大阪を拠点に活動する平沼孝啓と共に、毎年、出展者と議論を交わすため駆けつける芦澤竜一。芦澤もまた活動の拠点のある地元開催であることから以降、欠かすことなく本展の継続的な取り組みの中心を担う。2010 年に開催をはじめた U-30 は当時、「出展者が数年後、審査を引き継ぐような建築界の取り組みにする」とファウンダーを務めた平沼が思慮していたが、4 年目のシンポジウムで藤本が「この建築の展覧会は、我らこの世代が生きている限り率いていく」とした声明を発表したことから一転し、完全公募による審査を務めた石上純也が、5 年目の開催時に「この世代の年齢に近づけた議論が交わせるように」と、出展者の年齢上限を 5 才上げて、展覧会の主題を U-30→U-35 とし、ファインアートの美術展と比べ、発表が主題とならない発展途上の建築展の在り方を探るようになった。

ちょうどその年から、新鮮で多角的な視野で参加を始めることになったのが芦澤である。その 3 年後の 2018 年には、平田が審査委員長を務めたシンポジウム後に、8 人の建築家と 2 人の建築史家が集まる「10 会議」が開始され、シンポジウムも含めた議論の場で他の建築家とは違う視点から芦澤が放つクリティークにより、本展のプログラムを手探りで見直しを重ねる貴重な存在となった。毎年入れ替わる展示構成の様子や出展作の表現方法、若手建築家側からの意見に対し、どちらという

芦澤竜一（あしざわ りゅういち）建築家

1971 年神奈川生まれ。94 年早稲田大学卒業後、安藤忠雄建築研究所勤務。01 年芦澤竜一建築設計事務所設立。滋賀県立大学教授。日本建築士会連合会賞など国内外で多くの賞を受賞している。

平沼孝啓（ひらぬま こうき）建築家

1971 年 大阪生まれ。ロンドンの AA スクールで建築を学び、99 年平沼孝啓建築研究所設立。08 年「東京大学くうかん実験棟」でグランドデザイン国際建築賞、18 年「建築の展覧会」で日本建築学会教育賞。

と作家性の高い土着的なアイデアを高く評価し、厳しくも救いあげる姿勢で講評する、本展には欠かせない唯一無二の存在だ。2020 年からの情勢を受けながら継続する 13 度目の開催となるが、出展者の公募（自薦・他薦）選考を担う本年の審査委員長を務める芦澤が、今、あらためて本展を通じ、建築展のあり方に対しての考えと、どのような方向へ導くことを望んでいるのかを、平沼孝啓が聞き手となり対談方式で考察するのと同時に、本年の応募が締め切られた直後、審査する様子と選考の過程を収録する。

平沼：芦澤さん、おはようございます！

芦澤：おぉ！平沼さん、おはようございます。日曜の朝からすみません！（笑）応募数はどうでしたか？

平沼：昨年と同様の応募数ですが、数よりも年々、凄い方たちの応募用紙が連なり、まだお名前を知らない人もいますが、ポートフォリオの内容を見ていると、取り組みの手法にワクワクさせられます。

芦澤：それはうれしいですね（笑）。やはり推薦枠からの効果とこれまでの選出者たちの活躍でしょうか。

平沼：本展に出展されたこれまでの若手建築家の皆さんが近年、非常に活躍されておられます。そこで一昨年から推薦枠の選出について、上世代が勝手に探すのではなく、当年の出展者 7 組の人たちに 5 組ずつ候補を選出してもらい、計 35 組の中から僕たち上世代が選ぶことにしたことで、2 段階のセレクトが行われ、推薦枠の候補者が頼もしい存在となりました。

芦澤：なるほど。推薦枠はやはり二段階で選出されている分、やり手が多いのが特徴ですね。でもこの方たちから選ぶのは本当に難しそう（笑）。

平沼：選ぶという作業・審査は、僕たちも選ばれたり落とされた経験がありますので、本当に心が痛みます。でも出展者が同世代の目線で選んでおられるので、彼らを若手の建築家の代表格だと見るならば、彼らから見てインテリアデザイナーっぽい人や広告代理店っぽい人は、わざと落としてきているようです。商いではなくて生業として、建築に向かっている人たちがやはり推薦枠には多いのかもしれません。でも公募枠を見ていても、昔はひどい有様で、「え、建築家の展覧会にこんな人が出してくる？」みたいなものもありましたが、最近はある程度の質は確保できるようになりはじめた気がします。

芦澤：公募枠の方も頑張っているのですが、モノはできていても何を言いたいのか、建築で社会に何を語りたいのかという批評的視点が弱いですよね。一方で批評性を優先して理論で結び付けようとしている人はモノが伴っていなかったり、バランスが悪い印象です。いずれの方向でもどこか達成できていないところがある。言語は弱いですが、モノで勝負する。例えば構法から建築の可能性を広げようという意志を感じられた人がいましたので、その方は選びました。

平沼：さてまずは、芦澤さん、少し昨年のことを振り返っていただけますか。昨年の出展者たち、GOLD MEDAL を獲られた板坂さんをどのように見ておられましたか？昨年のアワードが今年の出展者選考にどれくらい影響があるものか、芦澤さんがこの発表をされる前に、お聞きしておきたいのです。

芦澤：なるほど。昨年は全体的に出展建築家のレベルが高かった。だから突出した人が目立たなかったけれど、それぞれに個性のようなテーマを持っていましたね。板坂さんは、素材の周辺のリサーチをして、そこから要素を集めて建築として編集する作業。宮城島さんは環境的なアプローチ。鈴木さんは建築らしい建築というか、小さいながらもモノとして勝負していた。榮家さんは住宅の中でいろんな風景をつくろうとした。レベルは高いのだけれど、全体的には、割とナイーブな課題に取り組んでいて、建築の拡張性や大きな問いかけには至らなかった印象です。それは U-35 だけではなくて、昨今の建築界全般の状況なのかと思います。

平沼：そうですね。その前の世代はプリティカルな方向に向いていて、詩的な状況を抽象的に表現する手法やその派生の影響力が大きかったのに対して、近年は個のあり方をそれぞれ多元的に考えているような気がします。昨年の審査委員長を務められた吉村さんが話されていた「解像度が高い」という言葉で綴られる、そういう見方でしたね。昨年とか一昨年のこの状況は今回の審査に影響しますか。

芦澤：昨年よりももっと、大きな問いにチャレンジを期待して、作品を見ましたし、推薦枠の中には何人か拡張性を感じる人たちもいました。

平沼：僕らの世代って藤本さんや石上さん、平田さんも含めて大きいことを言い過ぎている、という意見が下の世代から聞こえてくるんでしょうね（笑）。

芦澤：まぁ、言われるでしょうね（笑）。でも僕はある意味、建築家はホラ吹きでも良いと思っています。正しいことだけを分かりやすく言うことだけが建築家の役割ではないと思います。安藤さんや石山さんくらいの世代はもっと酷かった、ですからね（笑）。その世代からの伝播というのもあるんでしょうね。下の世代は冷ややかにこの状況を見ているんでしょう。

平沼：建築界では、僕たちを含めて 71 年生まれの藤本さん平田さん、その 15 歳上には 56 年生まれの妹島さんを中心に、隈さんや坂さんたちがいる。その 15 歳上が 41 年生まれの安藤さんと伊東さん。つまりその逆ターンが、ちょうど今出展者の上限、86 年生まれの 35 歳だと思うと、もう一度、社会性のある拡張した大きな空想を描く人たちが出てきても良いと思うのですが、芦澤さんが仰っているのはそこが乏しいということですか。

芦澤：脈々とつながる時代性からも、確かにそうですね。ただ 2 年前の GOLD MEDAL の秋吉さんの取り組みは建築の産業構造を批評し、都市と農村をつなぐ新たな可能性を示したと思います。今年はそんな気概ある案もなかった気がしています。

平沼：なるほど。人口の減少や気候変動、人工知能の発達やテクノロジーの急激な進化を感じてきた 21 世紀初頭のできごとで、どこでゲームチェンジされるのかを見計らいながら進んできた 2020。この以降以前に語られるのは、この人類を襲ったパンデミックを基点に、これまでの常識が過去の価値になる時代へ突入したのでしょう。Z ジェネレーションと言われる現在の 26-7 歳からの世代が 3-4 年でこの U-35 にも参加してくることになり、この世代がまた新たな価値を位置づけてくるかもしれません。

芦澤：「前世紀の価値の評価をあらためていく年」になるかもしれませんね。

平沼：さて、このインタビューは、2019 年平田さんが審査委員長の時から、後に記録を残そうと、選考のプロセスを本展図録に掲載しています。応募しようと考えた人たち、また実際に応募した人たちにとって、もちろん大切な記録ですが、後に U-35 を目指し挑戦する現在の学生たちの一つの指標になれば良いと思っています。まず、今回選考するにあたってのテーマはありますか。

芦澤：僕は、建築の新しいあり方、つまり革新性の有無を探しました。やはり建築を通して社会に提案し、何らかの課題を見つけて建築で解決をしていく。そういう人がいないかと、応募資料を探りました。あとはもちろんモノの力ですね。いかに我々にモノとして建築で語ってくれるか。展示の提案とポートフォリオで応募資料をまとめられているのですが、作品が良くても、展覧会として、ただ図面や模型を展示するだけの面白い提案になっていないものがいくつか見受けられました。建築としての魅力と、展覧会として自分が建築で考えていることをきちんと示せそうかというところは、資料を見たら大体分かりますね。

平沼：U-35 の選考基準は毎年審査委員長が変わるため、変化していくのが特徴です。つまり計画地が 1 つで、皆でコンペのように提案を競い合うようなものではないので、どうしても展示手法の選考で落ちる人と救われる人がいます。つまり他者と比べるのではなく、自分に向き合いひとつのプロジェクトを設計するように、表現手法を探る。だからこそ、今回、落選する人に対して、今回ダメだったからといって諦めることないんだという、励みの言葉からいただきたいのですが、芦澤さんいかがでしょう。

芦澤：建築としては良い作品をつくっていても、応募資料でのアピールが弱いものが多かったです。どんな意図で建築をつくっていて、どんなことを考えているんだ、お前は何者か？ということを展覧会の場で熱く伝えることが、求められていると思います。そこを上手く表現できていない人が多いという印象を受けました。恐らく、編集の仕方や、表現の仕方を変えることで、見え方が違ってくる人もいるでしょう。あるいは思考は良いけれど建築としてまだ十分追いついていない、という人も見受けられました。もう一度自分たちの建築のつくり方を見直して欲しいと思います。考え方や建築がおかしいということではなく、何が自分たちの強み、個性かということをもう一度客観的かつ冷静に考えてもらって、再びチャレンジしてもらえれば選出される可能性はあるでしょう。

平沼：商業的な商品の展示会と展覧会の差異のような U-35 の本質をわかった上で挑戦される方がよいでしょうね。また建築の展覧会はファインアートの展覧会と比べると、会場に作品自体を並べられないので、過去のプロセスを紹介することや、経過観測を空間で見せることが建築展のひとつの在り方となっていますが、住宅だと安藤さんが新国立でなさった光の教会の体験型の展示、もしくは U-35 で

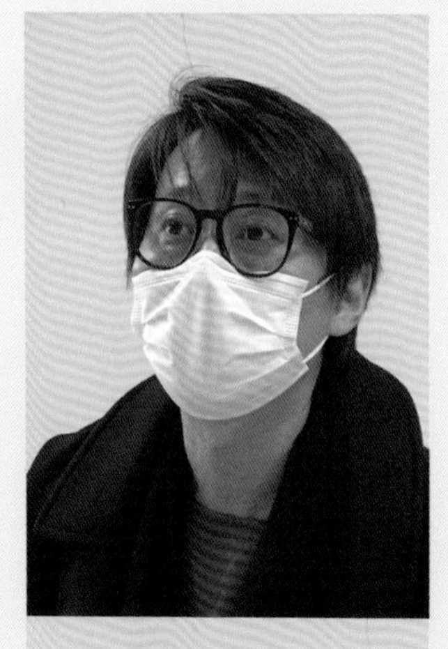
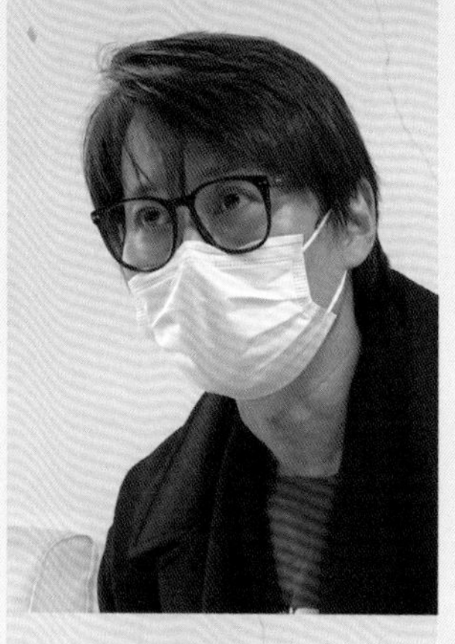
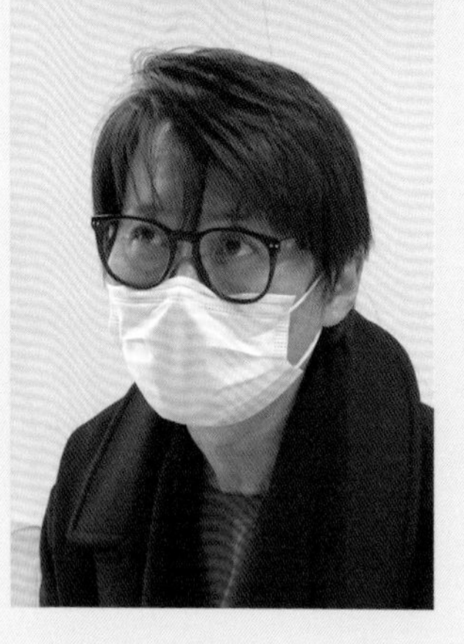

秋吉さんがやったモックアップの展示。そのぐらいのことでしか建築展の展示空間の使い方を見出せていないのです。その先を行くような若い人たちの発想が生まれてくることを期待しているんですがどのように伝えると良いでしょうか。

芦澤：展覧会自体をひとつの建築プロジェクトとして考え、勝負してくると可能性が広がると思います。ぜひこの姿勢に期待したいですね。先に発表してしまいますが、今年の選考で選んだ、上海から応募されたジャンさんのユニットの彼女らは、思考している建築を、この建築展の会場で再現的に示そうとしている。やはり建築展への応募が前提ですから、アーカイブの図面や模型を展示するよりも、これをひとつのプロジェクトと捉えてほしいですね。

平沼：レムの OMA 展にしても石上展を例にとっても、展覧会では、もの凄い展示を出してきます。建築展について直接聞いたことがあったのですが、どちらも同じく「建築展なんだから展覧会といえども、1 つのプロジェクトだと思っている」と言っていました。ジャンさんたちは恐らく何かに挑戦しようとしているのが感じられますし、ひとつのプロジェクトのように建築展を捉えてくれていることに僕も共感します。建築展という空間体験を含めて、ファインアートのようなものを並べるだけではなく、展覧会に訪れる体験の意義を示してほしい。大作家展でもないですから、過去・現在のプロジェクトの模型を並べても、一般者にはふーんと言われ、建築学生の模型の参考程度にしかなりません。できればここに出展してくる若手が、どんな思考性で建築をつくられているのかという部分を知るために、ひとつのプロジェクトとして捉えてもらえると見応えがあるというのか、あらたな価値を見出せそうです。それではまず指名枠から、出展者の候補に上がった方たちについて、一人ずつ発表とコメントをいただけますか。

芦澤：はい。まずは昨年、ヴェネチア・ビエンナーレでロシア館の改修を発表した、日露建築家ユニットのお二人を選出しました。

平沼：アレキサンドラさんと佐藤さん。モスクワで活動していた人たちですね。ジャルディーニの歴史的なパビリオンを周辺環境と未来に向けて開いた改修で高評価を受けていましたね。

芦澤：この方たちにはまず、話を聞いてみたいと思いました。改修という行為を通して、過去から未来を繋げながら考えて建築を思考していると思うのですが、U-35 でも展示の構成自体を過去と未来に分け、その時間軸を重ねて提案してきていることは面白い。過去と未来、今まで実現してきたことと今後の予想図なのか、プロジェクトがまだ続いているような、ロシア館をデザインしたことで留まらず、現在も継続して続けているということが建築家としての思考として、とても重要なことだと思いました。

平沼：そうですね。実は僕が推薦しました（笑）。

芦澤：（笑）あっ、そうだったのですね。スケールも小さいものからかなり大きなものまで、横断したスケールで建築をやっていますね。平沼さんは、なぜこの人たちを知っていたのですか？

平沼：実は一昨年に一度、推薦に挙げるかどうか迷った石上事務所出身のユニットでした。それとは全く別にロシア館の改修コンペ案を知り、この時点ではその繋がりを知らなかったのです。ビエンナーレ会場、ジャルディーニのメインストリート沿いにある、いわゆるロシア建築に入ったことがあって、この多孔的な窓を開けたり繊細な改修案を見たりして、結果として、この事柄が僕の中で繋がり、推薦して本人たちを呼び出して聞いてみたいと思ったのです。

芦澤：なるほど。では次の選出者は、佐々木慧さん。「非建築的建築」というタイトルにまずは興味を持ち始めました。ダイアグラムで示されていましたが、建築がいろいろな事象を統合するのではなく、世の中に絡まりあう様々な要素全体が建築なのではないかという表明がありました。そこには都市計画もランドスケープ、プロダクトも全てが建築行為になるという姿勢なのだろうということを感じました。ただ正直、非建築的建築と言っていることが、プロジェクトでどう体現化しているのかは資料を見て分かりませんでした。ただ建築としての強度はありそうだということを感じて、展示を見てみたいと思い選びました。下関のプロジェクトも、塀といったランドスケープから建築

まで連続する一体として取り扱っています。スケールを横断する思考に可能性があるかと思いました。彼は 1 度落ちているんですか？

平沼：2019 年に応募されて 1 度落ちておられます。今回は太郎さんの推薦ですが、2 度目の挑戦ですね。でも 1 度の応募で選出される方は少なくて、結構、2 度目、3 度目という方が多いのです。

芦澤：まず挑戦してみて、その結果から自分自身を俯瞰的に見つめ直し、整えながらやっていくのが良いのでしょうね。ある種軌道に乗った現在の U-35 を 1 発で通過するのは相当、難しいでしょう。

平沼：選出者を毎年 7 組としていますが、それでも現在は建築家への登竜門的な存在。1 度、展覧会へ出展された方でもゴールドを獲りシードを得なければ、再度選出されることが困難だし、逆に 1 度出展だけしてもなかなか、名前を記憶に刻んでもらうのも難しい。だから連続で出てこようとする方も含めると、相当な数のライバルが多いのも特徴になっています。僕らが今、35 歳以下だったら「出てこられてないかもね」と、よく藤本さんが言っています（笑）。

芦澤：僕もきっと無理でしたね。結局、メディアの評価で決まるわけでもなく、仕事量とも違う。その年の審査委員長による評価軸も変化していくし、新鮮さと作家自身のオリジナリティや強度を問われますね。

平沼：相当優秀な若手の方が挑戦してきていると思いますし、出展者の意気込みを、事前の問い合わせやこの応募資料からも切実に感じます。次は、先ほど話にあった、上海で活躍されているジャンさんと森さんですね。

芦澤：彼女らは自身のフロッタージュという手法を、自らの設計の中でも用いられています。それを用いた手法で展示のコンセプトもつくっているというところが、面白い。単純に模型と図面と、プロセスとかマテリアルを並べるということだけではなくて、このコンセプト自体が面白いと思ったことと、つくられているものを見ても、モノとして良さそうに感じました。これは何でしょう？

展望塔でしょうか。表現性を含めて、モノとしてしっかり考えられている気がしました。

平沼：昨年も今年も 2 年連続で、五十嵐淳さんが推薦しています。昨年、吉村さんが審査の時は実は、次点まで残ったのですが、資料では不明な点が多くあり…でも今年はプレゼンテーションのつくり方が、すごく上手くなっていますね（笑）。ちゃんと細やかな配慮で、審査してもらおうと意図する資料になっています。1 年で成長してきているなと思いますし、非常に楽しみですね。

芦澤：そうですね。次は西倉さん。西倉さんのプロジェクトは、家具ですね。彼の家具デザインが、応募資料からは僕にはよく分からなかったんですが、納品したモノたちがどのように変化していくのかというプロセスを追っていて、家具を考えながらも、時間と共に空間がどう変化していくか考えていることは非常に建築的だと思いました。また自身のデザインした家具だけでなく、他者がつくったクライアントの持ち込み家具も入り込んだり、一部は消えたりと、流動的な建築のあり方が面白いと感じました。展覧会では時間軸を考慮した家具による今までにはない建築のあらわれ方を見てみたいと期待しています。家具を集積して場をつくり、時と共に変化していく、身近ながら新しい建築の様相を示してくれそうです。

平沼：「建築はストラクチャーデザインをすることだ」と見立てた時に、それ以外に空間に入るキャラクターという核を、これほど焦点に置いた手法で記述していて、解像度の高さを含めて体験してみたくなりました。設計の思考力がある方なんだろうけど、フォーカスの当て方に興味が湧きますね。

芦澤：そう、どうして家具で勝負するのか。という思考原理を知りたいのですが、それでも建築であると言っていますから。家具としての象徴的な形としての差異も用い、機能主義的な可変性を帯びて、家具の新陳代謝も受け入れ、家具は人間の延長なのか建築の細部なのかと考えさせられました。建築をデザインするだけではなく、その後の変化をリサーチし、それをさらにものづくりにフィードバックしていくという姿勢は興味があります。そして次は、5組目の選出者は甲斐さんです。

平沼：芦澤さん、相当、迷われていましたよね、モノとモノ同士のアンビエント的な視点の価値や扱い方が面白くて、それも部材より接合点が特徴的。

芦澤：接合部…確かに、金田さんの研究室出身の構造系の方のようですね。でも展示計画という展覧会としての空間の使い方が示されていないので大変迷いました。でもつくられているモノは、家具レベルから、インスタレーションレベルのことまで、すごく繊細で、ものづくりをデザイン、構造設計、ファブリケーションまでを一貫してやっているという姿勢に興味を持ちました。ただやはり、展示をどうするのかなというのが謎ですが（笑）、モノをつくっていくプロセスをきちんと表現しようとしていることを評価しました。でもどこに新規性があるかはまだ見えません。例えば 19・20 年出展者の秋吉さんは設計から製作までデジタルファブリケーションで鮮やかに手法を示しました。秋吉さんは社会的かつビジネス的側面を強く感じましたが、甲斐さんはそれらの意図は弱く映ります。ただものづくりとしては、色々なチャレンジがあって、面白そうだなと思います。そして6 組目は、山田さんです。ブロック、鉄骨、そして木を組み合わせた提案です。ブロック造など組積にこだわって建築を設計されていて、そこからの発展で複合的な構法を試行している。構法にこだわり、建築をアップデートしようという姿勢は、面白いなと思いました。建築からジャングルジムといった遊具まで、モノとして色々なことにチャレンジされている。様々な素材を組み合わせるハイブリッド構法から何をしたいのかを聞いてみたい。本人の言葉を借りると、ブリコラージュとエンジニアリングの中間を表現したいということですが、一つの資源だけではなくて、その場にある素材をかき集めてつくっていくという建築のつくり方なのかと。日本だけではなくて、アジアや、世界中の被災地、貧困地で展開できそうなアイデアだと可能性を感じました。

平沼：ありがとうございます。以上６組ですので残りは、あと１組を選んでいただきたいです。

芦澤：はい。公募枠から奥本さんを推そうかどうか迷いますが、でもちょっと士業の業務的な真面目さが見いだされて、ないかなという気もしながら迷います。つくられている建築があまり面白くないのです（笑）。防耐火に応じた木質系それも CLT を使っているというところまでで、それによる空間性や作家手法のチャレンジがあるかっていうと読み解けていないのです。これまでの都市木造を提案している方々と比べてどこにオリジナリティがあるのか。

平沼：そうなんですね。確かに市街化地域の防火指定のある街区で現行法をどのように解決して、防耐火の処理をどのように施したのかという日報のような集積を見せられているようでもありますが、一方で今後、市街化地域における都市木造化は進みますし、生産システムをこの世代で実らせることも必要ですね。ただ法規制をクリア―しただけの結果ではない何か提案を本人は見出されているのではないでしょうか。

芦澤：現行法規へのチャレンジとかですね、都市木造をやろうとしている時の課題に真摯に向き合っているようなことは確かに感じますし、こういう方が批評性が弱くとも、ひとりいてもいいかという気もしますが…。

平沼：十数年前、芦澤さんがこういうことをやっていた時期は、もっとアバンギャルドでしたよね（笑）。僕はそれを知っているので、作家としての狂気さが足りてないというのか、ハッとさせられないっていうことに同感です。個人的にもう少しこの視点で厳しく話すと、つまりは設計思想を市民寄りになすりつけ、総体評価を求めているという弱さだと思います。法令や社会的な意見を聞いています！という、ポーズとしての迎合感があると言った方が逆に、芦澤さんの応援批評性が沸き立ちますか？（笑）

芦澤：（笑）確かにそう言われると、うーん…ですね（十数分沈黙の考え中）。でもね、展示をもっと考え直した方が良いのです。大学の学内や学会発表の展示か、自社開発したゼネコンの展示ブースになるような恐れに危惧しています。

平沼：U-35 は、若い建築家たちがオリジナリティの手法で批評性を形態に結び付けた思想を知る展覧会なのに、もっとラディカルに表現して欲しいですね（笑）。

芦澤：都市木造の可能性をもっとご自身の手法や思想で伝えられるような空間表現をしてもらい、オリジナルな構法で攻めるのならば、1/1 のモックアップをつくるとか。

平沼：建築に隣接する分野の方たちも含めて、クリエイターのイノベーションとして新たな価値を示してほしい。

芦澤：そうですね。認定制度や行政指導に沿うような研究はされているだろうから、平沼さんが仰るとおり、ラディカルに空間の展示をしてほしいですね。都市においての木造、そういう法的なことなどをいかにクリアするかということは言いながらも、もっと未来の可能性として都市木造の新規性を奥本さんには根付かせて欲しいですね。拡張性を分かるようにしてほしいし、奥本さんという作家が、どんな新しさを拡張したかということが分かるように、展示をしてもらいたいですね。

平沼：ありがとうございます。現段階で以上の方々が 7 組の候補者として決まりましたので、出展候補者になられた方たちに建築の展覧会出展に向けて、メッセージを記録に残してもらえますか。

芦澤：はい。それぞれにテーマがあるので、皆さんが考えていることが、しっかりと来場者に伝わるような展示、記憶に残るような体験をつくって欲しいです。そしてこの展覧会そのものが建築のプロジェクトだと考えていただいて、あくまで建築として展覧会の場をつくり上げて欲しいなと思います。

平沼：本当にそうですね。せっかくの機会ですから設計後の模型や図面を並べるだけのアーカイブの場所ではなく、これをひとつの建築的なプロジェクトとして解釈してほしいですね。首都を省いた 46 道府県の地方都市として代表的な大阪ではこの会場は玄関口で一等地です。

芦澤：本当に凄い場所ですからね、出展にスポンサーやクライアントを集めてくる方もいますよね。

平沼：それぞれ企業との連携を図ろうとする勘の良い方、先のプロジェクトに結びつける方などもおられます。特に海外勢の人たちは上手くファンドレイジングしてきて、相当儲かって戻った方もいるくらいです。建築のプロジェクトを動かすように捉えてもらえればいいと思います。大阪・関西は今、大きなプロジェクトが多く動き始めています。近年このU-35をきっかけに、プロジェクトにつなげた方たちもたくさんいますので、この出展をきっかけに開催地の新たなプロジェクトに携わるようになってほしいなと思っています。

―― 最後になりましたが、昨年もこの情勢の中、出展者にほぼ毎日在廊いただき、奇跡的な開催ができました。継がれたバトンを一度も落とさず、本年はまた新たな価値を示す開催になると予感しています。どのような開催になることを芦澤先生、平沼先生は望まれておられるでしょうか？

平沼：毎年少しずつ変化していますが、2020 年の初頭から国内でも影響を受けてきたこの情勢から、昨年は 2 度目の開催が叶いました。次は 3 年目になりそうです。こういう時だからこそ、時代の変革や新たな価値を生み出すような展覧会になってほしいと思っています。それを極端に変化することは非常に難しく、徐々にしか変わっていかないものだと思いますが、後の時代からみると今年辺りが基点となるのでしょうか。こんな情勢だからこそ目指すものとは何でしょうか？

芦澤：より多くの人に見てもらうのが良いですよね。コロナ禍という状況を考えますと、特に関西圏の建築関係者、もちろん関西の方に限りませんが是非見てもらって、こういう展覧会こそ次の時代へ向けて盛り上がってほしいと思います。建築は、もちろん実在する建築もそうですが、こうやって思考していることも建築です。7 組の思考が集まる。しかも将来を担うであろう若手が、一同に集まるわけです。出展者の皆さんには、自分たちの手で展覧会を盛り上げる、皆でつくり上げるという気概で、このプロジェクトに挑戦していただきたいです。そこに、より多くの人が集まるようになると、本当の意味で建築界だけでなく、社会に影響力を持つようになります。でも昨年も相当な来場者の方が来られていましたね。会期は何日間でしたか？

平沼：会期は 11 日間で、昨年の来場者はすごい人数になってきて 9,200 名程になりました。現在の固定会場、大阪駅・グランフロント大阪に場所を移す際、後援の行政から 1 万人の来場者を目指すようにと言われ続けてきました。でも、南港・ATC で開催していた時は約 1 ヶ月の展示で 1,000 人程度だったのです。コロナ禍で開催するにあたっては、来場者数に特に影響があると思われたのですが、SNS の恩恵を受けたのでしょう。建築学生だけでなく隣接するクリエーションの分野、ファッションや美術、グラフィックやプロダクトなどを含めた若い世代が増えつづけ、半数以上の 6 割が関東圏から来られたようです。

芦澤：すごいですね。わざわざ来たんですね。

平沼：ちょうどこの開催の秋の時期にコロナの感染者数が減っていたおかげで、全国から京都・神戸・大阪という 3 都市巡りに合わせて来られた様子です。結局、シンポジウムも時間前に満席になりました。建築界の M-1 グランプリみたいに、若手の建築の登竜門的に捉えてくれているようで、ようやく効果が表われてきたような感じがします。いよいよ勝負の年となるでしょう、真価が問われそうです。

――ありがとうございます。12 年間の開催のうち、前半の 5 年は南港 ATC、後半の 7 年は梅田 GFOで継続してきました。以降もこの大阪駅前という地方都市の玄関口で開催を重ねていきますが、2024 年の街びらきの開発計画を開始した本展会場と隣接するうめきた二期での常設展、建築ミュージアム構想を進める上でも、本展は、継続した開催から何を得て、どんな位置づけを目指せば良いでしょうか。2018 年には、倉方さんや五十嵐太郎さんを含め、もともと本展を立ち上げたメンバーで、伊東さんの推薦をいただき日本建築学会教育賞をいただくことができました。固定されないニュートラルな実学として、継続した展覧会が評価軸になった一方で、これからの建築展の在り方が求められてきます。街の再開発の基点となるようなプログラムと建築と環境の在り方を示すことができるような建築展への期待について、どのように感じておられますか。

平沼：森美の「日本の建築展」や国立国際の「インポッシブル・アーキテクチャー展」といった、時限的な建築展というのは常に話題にあがりますし、建築展にはたくさん人が来るということを、当時の館長だった南條史生さん、建畠晢さんからお聞きして背中を推してもらった記憶があります。今では文京区の湯島に常設展もありますね。建築のデザインミュージアム、建築の博物館みたいなのものを、本展の隣接地・うめきた二期の開発後半に合わせて、ここにつくって残してもらえると良いなと思ってきたのです。ただこのコロナで影響を受け、24 年の二期の街開きが、街は開くんですけど未だ完成には及ばないようで、少し先の事態になりそうなのですが、ぜひ実現してほしいと思います。

芦澤：それは独立して建つのですか。

平沼：それほど大きくない計画で、フットプリントが 1000 ～ 2000 ㎡ぐらいの独立した、森の中の建築ミュージアムを常設したいと考えています。例えば一階は巨匠の建築家や実績のある人たちの展覧会。上階の企画展側を U-35 とか、僕たち世代の建築家展とか、そういうものをやっていくようなものにしていくと、文化度の高い方たちも、若い世代も、そこに行く理由になるように思っています。

芦澤：世界的にみても、建築のミュージアムは、ほとんど少ないですよね。

平沼：ロンドンとソウルにひとつずつ計画をされているそうですが、そのくらいです。

芦澤：そういう意味でも、やはりあるべきだと思います。収蔵もしてもらったら良いと思うし。建築倉庫などが模型を預かり、一部を公開されてはいますが根本的な方式転換と普及効果にはつながっていませんよね。

平沼：そうですね。例えばグランドフロアのメイン・エントランスに入ると伊勢・出雲の式年遷宮が当時の工具と共に示されていたり、日本の人に建築技術を継いできた系譜の中でどのように近現代の建築がつくられてきたのかという手法も、きちんと解説する建築の案内所のようなものを考えています。あの場所は大阪駅前ですし、リニアが地下に発着するプラットフォームなので、仕組みやシステムを含めた継ぎ方の技法を知り、そのまま電車に乗り現地で体験もらえるような観光と建築物の案内所も兼ねてやれば良いのではないかというプログラムを出しています。

芦澤：それは面白そう。それこそ史家の倉方さんなどにもご相談されたらどうでしょうか。

平沼：五十嵐太郎さんそして倉方さんほか伊東さんを中心に、ここにいるメンバーで進めてもらうのが良いと思っているんです。しかし建築展に出展されてくる展示が、非常に良くないと、誰も来ませんよね。

芦澤：アハハ（笑）。

平沼：ただの案内所とカフェ程度で終わってしまう（笑）。ですのでそうではない在り方を考えたいのです。藤本さんは、JAPAN HOUSE を原研哉さんとサンパウロやロサンゼルス、ロンドンで巡回されてきました。その知見と結果を踏まえて、模型を並べるだけの記録展ではなく違う在り方を探りたい。だから芦澤さんがこのインタビューの冒頭で仰った「1 つのプロジェクトとして捉えてやってもらい」という言葉通りに考えています。

芦澤：企画展は絶対、そうね。一方で常設展はしっかり建築の文化を歴史的に見せても良いかなという気がします。入れ替えはもちろんするでしょうしね。

平沼：そうですね。その対比というのか時代の進歩を楽しめるように、生活文化を映す鏡となる建築展ですね。南條さんや建畠さんと話していますと、常設展といえど入れ替えてしまうことも面白いと考えるようになりました。企画展（歴史）のような重たいものと、企画展（現代）の軽いものというぐらいラディカルに考えています。

芦澤：なるほど。U-35もそこでやるんですか？

平沼：期間的な時期を決めて、毎年、そちらで開催できるようにしていくのが良いのかなあとボンヤリと考えています。

芦澤：それは、非常に楽しみね。

平沼：芦澤さんがもし、この U-35 に挑戦するならば、どんなポートレートと展示提案で応募されますか。

芦澤：今、35 歳だったらということですね。僕なら先ほど言った視点ですね。建築の新しさを示し、社会を革新する建築をチャレンジする姿勢を示したいです。そしてその建築思考を展覧会として表現するべきです。やっぱり建築にはいろんな可能性があると思うのです。身近なことや目先の問題を解決することも、もちろん建築家のやるべきことですが、例えば、人間は地球上に生きている生物だと自覚させるようなことや宇宙で生きているということを感じさせることも建築の力です。人間の本質を問うことを提案し、そういう展示をプロジェクトしてぜひ見せていきたいですね。この思考は今も同じですが。

平沼：良いお言葉を頂きました！（笑）では春に出展者説明会で出展者と会われる際に、是非議論をしてください。秋の展覧会を楽しみにしています。芦澤さん、あらためて今日はありがとうございました。

芦澤：（笑）こちらこそありがとうございました！今日は楽しかったですし、皆さんに出会える 4 月を楽しみにしています。

2022 年 1 月 31 日
芦澤竜一建築設計事務所 にて

「自分という、問題提起。」

建築の展覧会は、一般的なファイン・アートの美術展とは異なり、展示での発表が主体とならないことから、展示手法と目的に違いが生まれ、系図が示されず、発展途上の分野であるといわれてきました。それは、それぞれの人が暮らす地域にある、実際の建築の方がより身近な存在であることと、建築展が開催される頻度や時期が不規則であることが多く、継続した開催を続けるものでなかったために比較にならず、定着しなかったことがひとつの理由でしょう。非日常的な存在性を放ち、常識に対する新たな視座を示していくアートに対して建築は、私たち人間が生きていくための場所として生活を守り、活動を促すために存在しています。つまりその場所に根づいた産業や自然環境とともに、歴史と、その地域に生きた人の生活文化を映す鏡といえます。だからこそ、その建築の空間性にその場所が持つ自然の豊かさを表現したいと、建築家たちは未来へ向けた願いを提案します。有形、無形を問わず、人を感動させる力を持ったものに備わる豊かさの中には、人間の創造力を働かせ、計り知れない努力を重ねた上に成り立つような「テクノロジー」と「芸術性」が存在するものです。本年の出展者である彼らもまた、これからの社会環境をつくっていく時に、このような芸術性の高い空間をエンジニアとして実現させていくことで、人のためだけでない、後世の自然も含めた環境との共存のあり方も同時に探りたいと模索しています。

それは近現代、世界から日本の建築家及び、日本の建築技術が評価され続けている理由にあります。2000 年も続く日本の歴史年表と共に併走する独特な建築文化に秘められた伝統技法の継承です。現在も、20 年に一度伊勢神宮で行われる式年遷宮、あるいは 60 年に一度行われる出雲大社の御遷宮のように、一見すると同じ建物を繰り返し作り直しているかのような遷宮は、その時代ごとに合わせた先端技術と伝統技術を合わせて継承しています。また建造した後、戦争や落雷、暴風により損壊した東大寺では、何度も繰り返し民意で再建されてきました。つまり一度建築をつくれば 1000 年残すような欧州文化と違い、一度建築をつくれば、そのつくり方という技術の継承を 1300 年～2000年もの間、人につなぐことで、技法を高めていくような文化を持つ民族だからこそです。本展は、まさに、私たち日本の民族がもつ言語をあらためて知り、現代社会の位置づけを、建築の歴史年表の行間から将来を読み取ることを可能とすることでしょう。

昨年 11 月 1 日より公募による募集を開始しました本年の出展者募集は 1 月 28 日に締め切り、選考を開始しました。近年は毎年、建築家・史家 1 名による選考が行われ、2014 年は石上純也、2015 年は藤本壮介、2016 年は五十嵐淳、2017 年は五十嵐太郎、2018 年は平田晃久、2019 年は倉方俊輔、2020 年は谷尻誠、2021 年の吉村靖孝と継ぎ、本年 2022 年は芦澤竜一が審査を務められます。

大学で意欲的に建築を学ばれ、建築の第五世代と称されるアトリエ出身者の系譜をつなぐ者や、海外で建築を学んだ経験をもつ者が出展され、また出展作は、地域に根ざした建築の改修プロジェクトが多く、街の風景に存在し続けた建築に新たな時代の価値を与えるような提案が際立ち、近い経験で立場が異なるスタンスの設計活動に取り組む出展者が、短く限られた時間の中でひとつの展覧会をつくりあげ、同じ時代背景の中で学んできた同世代だからこそ生まれる「新たな価値」を示しているように感じています。また特に、公募による選考で選出された出展者たちは、自発性と積極性が高まり、展覧会に取り組むことで建築家としての意識が大きく変わる。また来場者から若手へ新鮮さを求める状況そのものが、本展を継続して開催する意図なのかもしれません。

第 13 回目となる、建築家への登竜門「U35 Under 35 Architect exhibition ｜35 歳以下の若手建築家 7 組による建築の展覧会」を今年も開催いたします。2010 年より大阪・南港 ATC にて開催をはじめた本展は、5 年間の開催を続け、6 年目の開催となりました 2015 年より、関西の玄関口に位置するグランフロント大阪・うめきたシップホールにて開催を継ぎ、広く一般者へ " 街の身近なもの " として建築のプロセスを体験してもらおうと、受け継いだバトンを一度も落とさず開催を続けます。本年は『自分という、問題提起。』という時代の変革を予知するテーマに、完成時点でひとまず停止する実際の建築を見てもわかりづらい、一般者にとっては高度な設計手法をわかり易く示しているのが特徴です。つまり建築の竣工後には理解しづらい「設計や施工のプロセス」、「実際の建築として使われた後の状況」を展示で表現すると共に、繰り返し行われる設計の「スタディ」から生まれた、タイポロジーとしての構造のアイディアや、室内環境のコントロールにトポロジーとしての考え方を盛り込んだ意図を紹介します。

また会期中には、日本の建築文化を深く理解される、建築関連の企業や団体との関連イベントを開催すると共に、連日、出展者による「ギャラリー・トーク」や、出展者の一世代上で日本を代表し活躍される建築家たちによる「イブニング・レクチャー」など、若い世代だけでなく、建築界全体への広がりに想像力が働くような取り組みを試みます。本展の出展者をはじめ、シンポジウムに登壇される建築家が、建築を目指した頃のきっかけを示すような、後進者の希望につながる実践を体験する場となり、これからの社会を築く現代の人たちにとって、将来への意欲につながるような機会となることを願います。

最後になりましたが、本年の展覧会の実現にあたり、ご支援・ご尽力をいただきました関係者各位のご厚意に、心より御礼を申し上げます。

profile

出展者情報

奥本卓也《ENHANCED architecture》

甲斐貴大《mistletoe》

Aleksandra Kovaleva＋佐藤敬《ヴェネチア・ビエンナーレ ロシア館の改修》

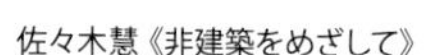

佐々木慧《非建築をめざして》

西倉美祝《偶然の船 / 壊れた偶然の船》

森恵吾＋張婕《全体像とその断片、あるいはそれらを行き来すること》

山田健太朗《積層の野性／野性の積層》

1986 年広島県生まれ。2010 年東京大学工学部建築学科卒業。2012 年東京大学大学院新領域創成科学研究科社会文化環境学専攻修了（大野秀敏研究室）。2012-2021 年ビルディングランドスケープ（ビルディングランドスケープ大連および東京）を経て、2021 年奥本卓也建築設計事務所設立。現在進行中のプロジェクトとして、保育所、放課後児童クラブ、こども食堂、高齢者通所・訪問・居宅介護事業、小ホール等で構成される社会福祉複合施設「S プロジェクト」(仲子盛進綜合環境デザイン株式会社との共同)。主な受賞歴として、2019 年 CLT アイディアコンテスト 2019 特別賞日本 CLT 協会賞。

1993 年宮崎県生まれ。2017 年東京藝術大学卒業。木材を主材とした作品を制作しながら、大学在学中の 2016 年、設計から制作までを一貫して管理する工房として studio archē設立。東京都南品川にアトリエを構え、絵画や工芸分野の素材・技法の研究をもとに、家具、什器、彫刻、インスタレーション、建築に至るまで、領域とスケールを横断した設計・制作を行う。2021 年より東京藝術大学美術学部建築科教育研究助手。主な作品に「as it is」「MUSU」「Hackability of the Stool」「MTRL Taipei」など。

Kovaleva ／ 1989 年モスクワ生まれ。2014 年モスクワ建築学校 MARCH 大学院修了。2014-19 年石上純也建築設計事務所を経て、2019 年 KASA / KOVALEVA AND SATO ARCHITECTS 共同主宰。
佐藤 ／ 1987 年三重県生まれ。2012 年早稲田大学大学院修了 (石山修武研究室)。2012-19 年石上純也建築設計事務所を経て、2019 年 KASA / KOVALEVA AND SATO ARCHITECTS 共同主宰。2020 年横浜国立大学大学院 Y-GSA 設計助手。
東京とモスクワを拠点に活動する日露建築家ユニット。主な受賞歴に、2021 年 第 17 回ヴェネチア・ビエンナーレ国際建築展「特別表彰」、2021 年 ELLE Decoration「ARCHITECT OF THE YEAR 2021」、2019 年 第 38 回 SD レビュー「鹿島賞」。2022 年瀬戸内国際芸術祭に参加。

1987 年長崎県生まれ。2010 年九州大学芸術工学部卒業、2013 年東京芸術大学大学院を修了後、藤本壮介建築設計事務所に勤務。プロジェクトリーダーとして国内外で多数のプロジェクトに携わる。独立後、福岡を拠点として 2021 年に axonometric Inc. を設立、主宰。複合施設、ホテル、レストラン、住宅、プレファブ建築開発、家具商品開発など多岐にわたるプロジェクトを手がける。九州大学、九州産業大学、九州工業大学非常勤講師を歴任。主な受賞歴に、イスタンブール市主催タクシム広場国際コンペ最終審査選出、architecturephoto 賞 (ap 賞) など。

1988 年生まれ。ＭＡＣＡＰ(=ＭＡ+ＣＡＰ）代表。東京大学大学院（川添研究室）修了後、坂茂建築設計を経て独立。京都を拠点に建築設計（ＭＡ）をしつつ、商業空間の公共性についてのリサーチ・執筆活動（ＣＡＰ）も展開。「オルタナティブ・パブリックネス（APness）論」という建築視点の実践的な公共性論を提唱し、公共性と商業性の両立、分人、OMO、自然環境といったテーマに取り組む。SD レビュー 2018 入選のほか、雑誌「商店建築」にて「商業空間は公共性を持つか」という連載を 2020 年～ 2022 年の 2 年間、計 23 回執筆し、各商業空間をリサーチしつつ事業者や運営者、設計者へのヒアリングを行ってきた。

森 ／ 1989 年明石市生まれ。メンドリジオ建築アカデミー修了後、Caruso St John Architects、HOSOO architecture などで実務経験を積み、2018 年に ATELIER MOZH を共同設立。
張 ／ 1989 年ウルムチ市生まれ。東南大学およびメンドリジオ建築アカデミー修了。HHF Architects、von Ballmoos Krucker architekten などでの勤務を経て、2018 年に ATELIER MOZH を共同設立。
主な受賞に、ArchDaily’ s the Best Young Practices of 2020 ほか。

1986 年 大分県生まれ。2010 年 北九州市立大学国際環境工学部環境空間デザイン学科卒業。北九州市立大学大学院国際環境工学研究科環境工学専攻修了。平田晃久建築設計事務所、塚田修大建築設計事務所を経て個人での設計活動を開始。主な作品に、「家具を架ける／梁を置く」(2017) などがあり、受賞歴に 2011 年 東京都美術館「Arts&Life：生きるための家展」／ 10 選、2020 年 くまもとアートポリスプロジェクト 立田山憩の森・お祭り広場 公衆トイレ公開設計競技 2020 ／ 10 選などがある。

LUCUA
KONAMI SPORTS CLUB
④
⑤
⑥
③
②
⑦
①

① 非建築をめざして

佐々木慧

「非建築」的な建築とはどのようなものか。ヒエラルキーから開放された、枠組みと枠組みの隙間にある関係性そのもののような、より自由で寛容ななにか。建築然としない建築、「非建築」を目指して、試行錯誤を繰り返している。

② mistletoe

甲斐貴大

形態を構造解析して得た応力の違いを、樹種の違いで解決し、小さな建築を制作する。構造を樹種の違いによってとることで、形態が構造的な束縛から解放される。かたちが、ただかたちとして存在すること。素材が、素材らしくあること。「それのそれらしさ」について考える。

③ ENHANCED architecture

奥本卓也

広島市の中心市街地をモデルに「建築と都市の境界の拡張」をメインテーマに据えた展示。近年の建築と都市を取り巻く課題への 1 つの解答として建築単体に要求される機能・性能を、街区単位に分散して計画することで可能となる新しい都市空間の作り方を示す。

④ ヴェネチア・ビエンナーレ ロシア館の改修

Aleksandra Kovaleva＋佐藤敬

つくる事を繕う事と捉えてみると、世界の循環の中に自分たちを位置付けることができる。建築をつくる事は街を繕う事、街をつくる事は環境を繕う事になったりして、創作が時空を越えた豊かさを持つ。ロシア館の改修から生まれた問い。

⑤ 偶然の船 / 壊れた偶然の船

西倉美祝

渋谷のシェアオフィスにデザインした家具。象徴的な船のような1個のテーブルでありながら、29個の異なる小さな家具の集合体でもある。「象徴性」「機能性」「利用者の空間体系」「新陳代謝」の４つの異なるカタチが、時間を経るごとに現れる様を記録した。

⑥ 積層の野性／野性の積層

山田健太朗

積層という構築方法は本来ある種の野性を帯びている一方で、全く異なる別々の文脈同士にストラクチャーを与えやすい形式でもあると思っている。そんなブリコラージュとエンジニアリングの中間に位置するような、新しい建築の在り方を探る過程を展示する。

⑦ 全体像とその断片、あるいはそれらを行き来すること

森恵吾+張婕

上海郊外に建つ眺望塔の断片を、実寸で再構成する試みである。壁面には大小様々な開口が配置され、それらを介して、外と内、あるいは全体像とその断片の間に生まれる所作や意識の移り変わりを通して、来場者は頭の中にそれぞれの建築をつくり上げていく。

under 35 architects | 奥本卓也（おくもとたくや）

ENHANCED architecture

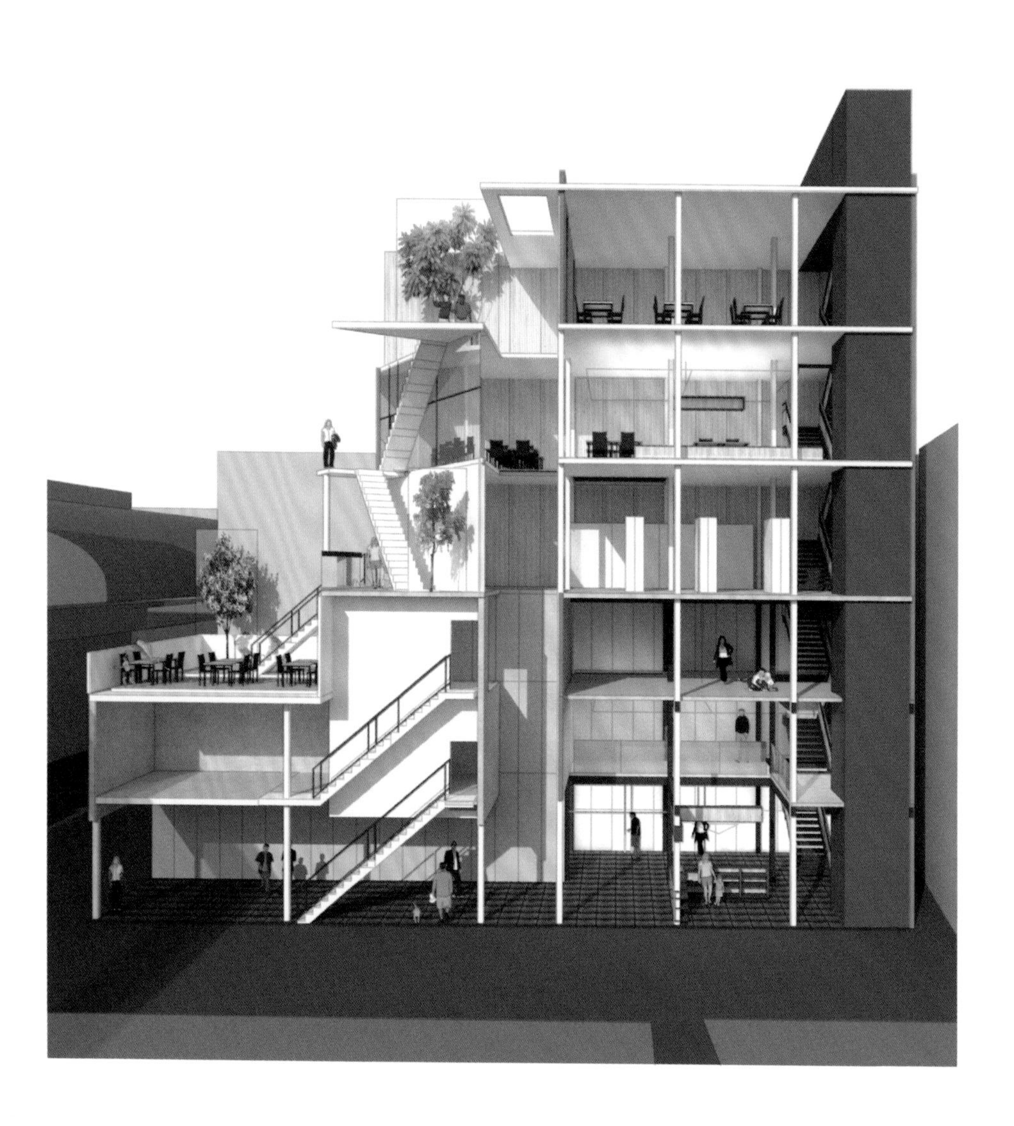

都市木造のモデルイメージ。
「都市木造」=「建築が高密度に立ち並ぶ都市に存在する木造建築」を指す。

日本の建築の作られ方に関わる基本的な法令に、建築基準法がある。
この法令は、そもそもどのような目的があるのだろう？他の法令と同様、第一条にそれは明記されている。「この法律は、建築物の敷地、構造、設備及び用途に関する最低の基準を定めて、国民の生命、健康及び財産の保護を図り、もつて公共の福祉の増進に資することを目的とする。」
今回の展示を通して議論を深めたいのは、ここに示される「人の命を守る」シェルターとしての建築の役割である。

日本の建築と都市の発展の歴史は、天災の歴史と言い換えることができる。地震、土砂崩れ、台風、地水火風それぞれが時に凶悪な存在として立ち現れる。その都度、先人たちは知恵と工夫を凝らして建築の性能・仕様を規定し、それらが新しい都市空間の姿として反映されてきている。天災の中で、今回の展示では火について特に考えたい。火は故意・過失を問わず爆発的に成長し得る存在で、特に人間の悪意が加わった際には途轍もない猛威を振るう。具体的な事例は枚挙に遑がなく、本展示が開催される大阪にあってもそれは記憶に新しい。

歴史は紡がれ、現在のところ世界的には「都市木造」を推進している状況にある。「建築が高密度に立ち並ぶ都市に存在する木造建築」を指すこのキーワードについて、筆者自身はその状況に共感する立場である。しかし一方で、火の猛威にさらされた人々とその記憶の伝承をされた人々にとって、木造への拒否感は拭いさられているのだろうかという懸念も持っている。「そんな都市は安全なのか？」専門家としてその疑問への答えを示したいと考えた。

広島市の中心市街地をモデルに「建築と都市の境界の拡張」をメインテーマに据えた展示を通して提示しよう。近年の建築と都市を取り巻く課題への 1 つの解答として建築単体に要求される機能・性能を、街区単位に分散・拡張して計画することで可能となる新しい都市空間の作り方を示す。

商店街アーケー
N
敷地周辺図
S=1/2,000

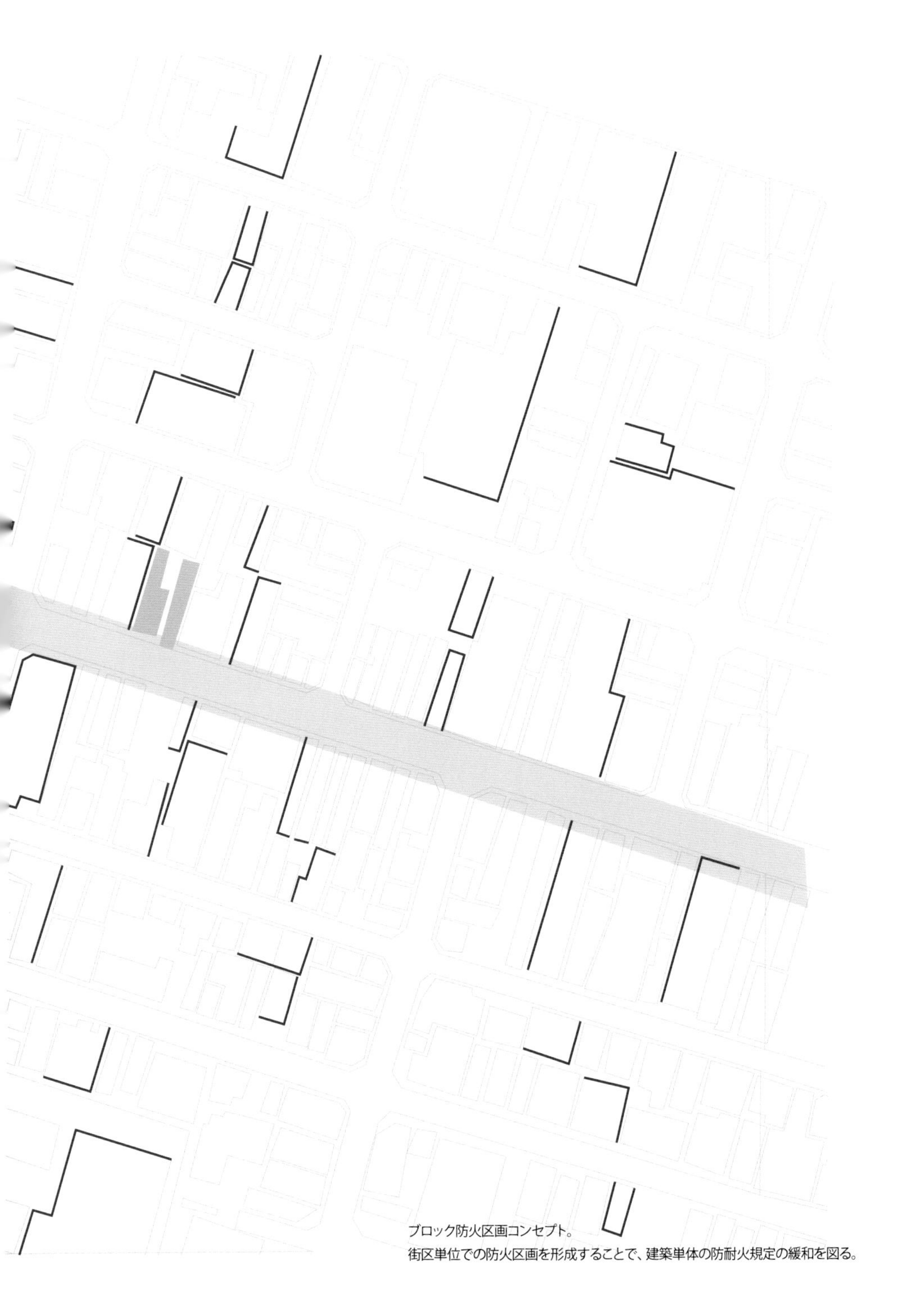

ブロック防火区画コンセプト。
街区単位での防火区画を形成することで、建築単体の防耐火規定の緩和を図る。

under 35 architects | 甲斐貴大（かい たかひろ）

mistletoe

形態を構造解析して得た応力の違いを、樹種の違いで解決し、パヴィリオンを制作する。

構造を樹種の違いによってとることで、形態が構造的な束縛から解放される。

かたちが、ただかたちとして存在すること。

素材が、素材らしくあること。

「それのそれらしさ」について考える。

構造を樹種の違いによってとることで形態が構造的な束縛から解放される。例えば、通常であれば高さや開口、アンカーの位置、メッシュの粗密を調整して応力の分布が均一になるように形態を調整しなければならないが、ここではメッシュの粗密や高さを自由に扱うことができる。粗いメッシュは境界性が低く通り抜けが可能であり、密なメッシュは壁のように機能しうる。

以上のように計画された形状は、平面決定プロセス、立面決定プロセス、樹種決定プロセスの 3 つの決定プロセスによって設計される。まず、平面決定プロセスでは、主にメッシュの粗密を扱う。(構造的合理性とは無関係に) のちにメッシュの結節点となる点の配置に粗密をつくる。次に、決定された平面に高さを与える。ここではメッシュのエッジを梁として大たわみ解析をかけることで立面形状を得る。

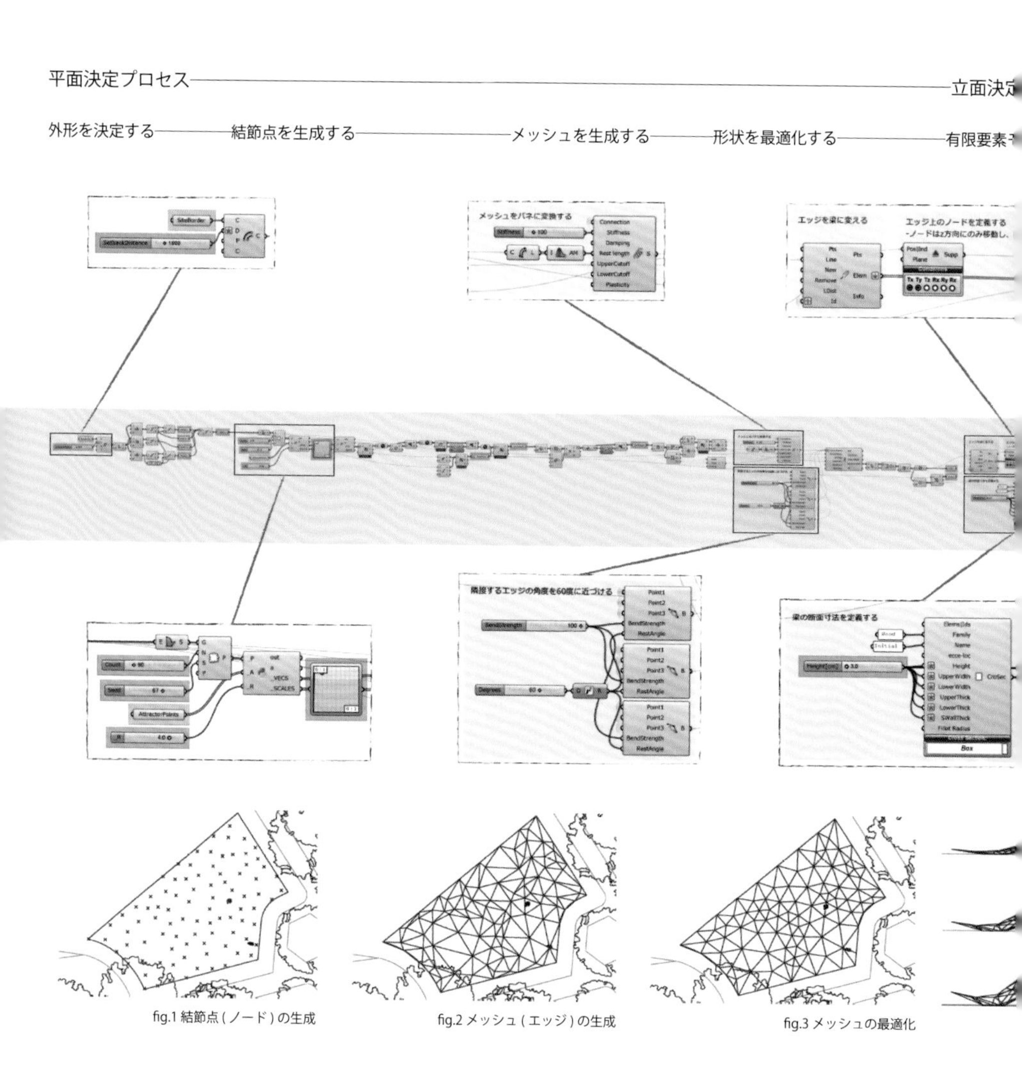

fig.1 結節点 (ノード) の生成

fig.2 メッシュ (エッジ) の生成

fig.3 メッシュの最適化

こうして得られたメッシュモデルをもとに構造計算を行う。構造計算は、Karamba という有限要素解析ソフトウェアを用いた。解析結果は、どの部材にどれだけの軸力が発生するか、という形で得られる。軸力の大きさに応じて線材を 7 つのクラスターに分類し、それぞれに3～4種類の樹種を割り当てていく。これにより、各軸力に対して適切な強度の部材が割り当てられる。

このようにして設計された形状をもとに、接合部のジオメトリを決定していく。構造の結節点同士の関係から、接合部における曲率を計算し、接合パーツのジオメトリを生成する。制作の際に必要になる、木材を加工するための治具、接合パーツを溶接するための治具は、自動的に計算、モデリングされ、パラメータが変化するたびに都度異なるカットデータを出力する。

樹種決定プロセス　評価プロセス

大たわみ解析をする　構造解析をする　構造解析で得た軸力を元に樹種を決定する　再度構造解析をする

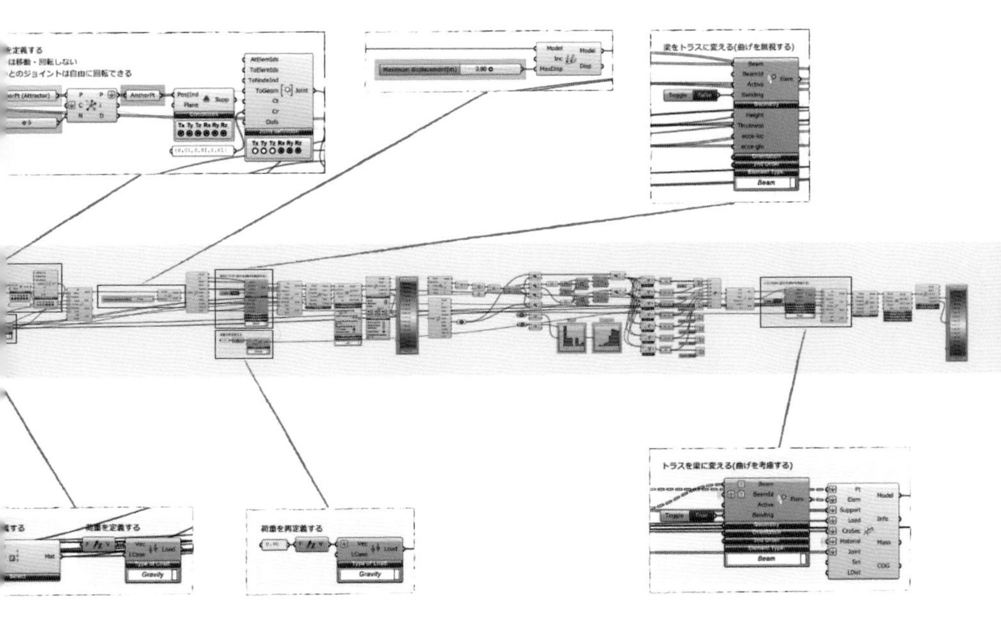

大たわみ解析

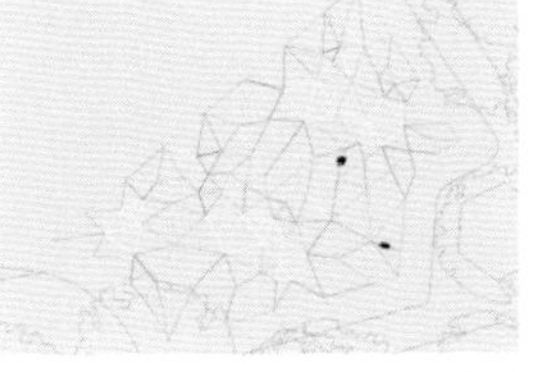

fig.5 樹種決定のための構造解析

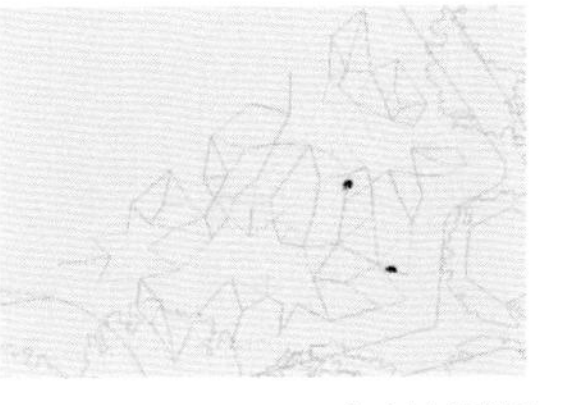

fig.6 木材配置図

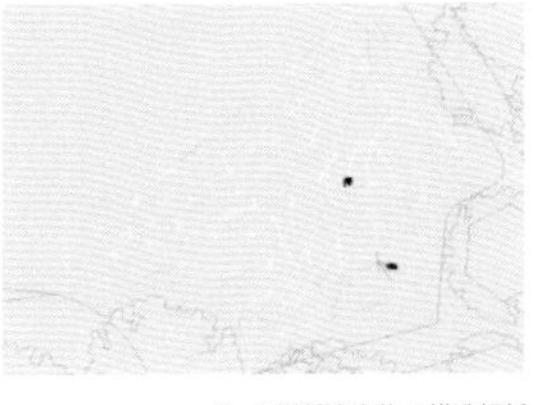

fig.7 樹種決定後の構造解析

under 35 architects | Aleksandra Kovaleva + 佐藤敬（あれくさんどら・こゔぁれゔぁ + さとう けい）

ヴェネチア・ビエンナーレ ロシア館の改修

手入れすることの豊かさ

何ともないカップを金継ぎで手入れした途端、それがとても愛着あるものに生まれ変わるような感覚。そんな態度で建築と向き合ってみる。

ロシアを代表する建築家、アレクセイ・シューセフが1914年に設計したロシア館は、ヴェネチア・ジャルディーニ公園の豊かな環境に今も佇む。かつての建築的精神性を失い、形骸化した姿の歴史的建築物は、各時代の価値観、周囲の環境などの写鏡のような存在として生きてきた。それらすべてのかけがえのないものが尊重されるために、一時の壮大な過去だけでなく、付随する小さな物語にも目を向けた。さまざまな歴史を批評し、その意味を解釈する。
1世紀そこにあった建築が数世紀後の未来にもそこにあり続けること。手入れは過去と未来を想像力によって現在に結び付ける眼差しである。

オリジナルの空間の「復元」、老朽化した床の取り替えや構造補強等の物理的な「更新」、階段、EV、斜路、トイレ等の新しい要素の「追加」、展示空間の柔軟性の「向上」。復元、更新、追加、向上。今まさに対応すべき切実な問題がいくつもあった。それらを別々に処理するのではなく、既存の要素を丁寧に観察して、その個性を再発見し、各々の関係性を調整するあり方をとった。

小さいと大きい、滑らかさと粗さ、低いと高い、暗いと明るい、細いと太い、繋がりと隔たり、個人と集団、古いと新しい、保存と再生、どちらかというより、どちらもある状況。さまざまな価値観を引き受け、手入れすること、それが新たな創作の源となる。

RUSSIA

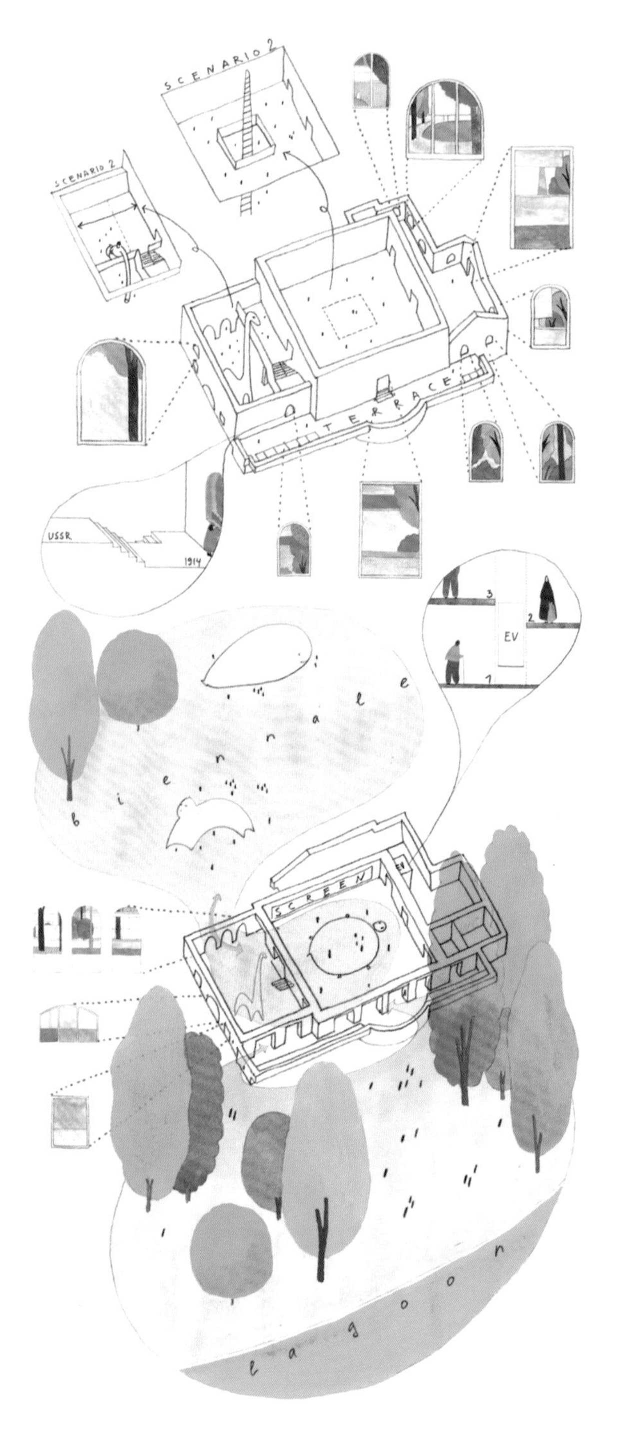
SCENARIO 2
SCENARIO 2
TERRACE
USSR
1914
EV
3
2
1
biennale
SCREEN
lagoon

under 35 architects | 佐々木慧（ささき けい

非建築をめざして

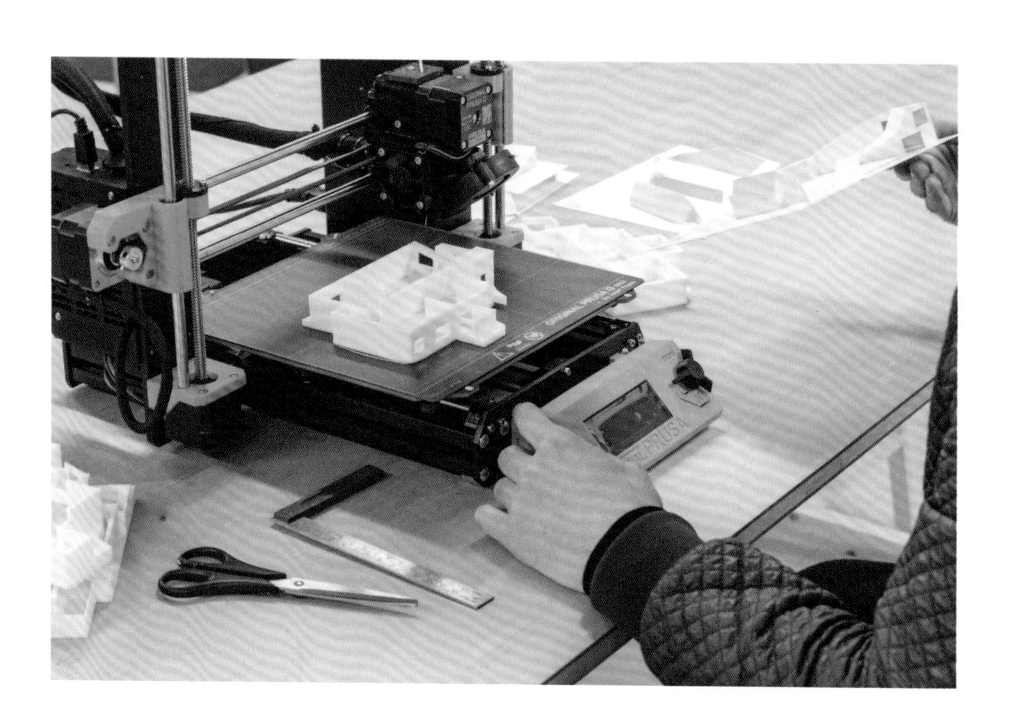
PRUSA

furniture
City
Landscape
ornament
product
interior
Civil-engineering
architecture as non-architecture

「非建築」的な建築とはどのようなものか。

ヒエラルキーから開放された、枠組みと枠組みの隙間にある関係性そのもののような、より自由で寛容ななにか。
建築然としない建築、「非建築」を目指して、試行錯誤を繰り返している。

スタディ１　「自然、都市、建築の間」
既存の住宅、庭、公園、神社の森、町並み、そのどれでもあり、どれでもないような、間の存在として建築を考えてみる。

スタディ２　「土塀を建築化する」
大地が立ち上がってできた土塀は、自然であり、人工物であり、町並みであり、歴史であり、ランドスケープである。土塀を建築化することで、建築の枠組みを超えることができないか。

スタディ３　「建築模型としての家具」
家具としても使える建築模型。あるいは、スケールが定まらない家具。机・椅子であると同時に、小さな建築であり、未来の都市の模型であるなにか。

スタディ４　「風化してできた広場」
土地特有の強風、豊かな自然、雑多な街並みといった複雑な環境を丁寧に読み解くことで、自然と風化してできたような広場を計画する。それが成立する論理自体を他者に委ねてみる。

スタディ５　「都市の際としての建築」
都市広場と公園の際、境界線を建築にしてみる。相対的な関係性そのものとしての建築のあり方とは。

スタディ６　「既存の表面を複製する」
既存都市の表面を直接的にコピー・アンド・ペーストしてみる。それは都市を建築に内在化する新しい手法になりうるのか、それとも単なるフェイクなのか。

スタディ７　「スケール、機能が重層する空間」
ひとつの形に、複数のスケールと機能を重ね合わせてみる。模型を梱包する箱であり、巨大な建築模型であり、それを創作するアトリエそのものでもある、ひとつの展示計画。複数の次元を重ね合わせてできる空間を見出すための思考実験。

その他。

under 35 architects | 西倉美祝（にしくらみのり）

偶然の船 / 壊れた偶然の船

JAPAN IN ARCHITECTURE

永遠の空間
日本の一九五五年

渋谷のシェアオフィスのための家具のデザインと、納品後の変化を記録したプロジェクトだ。
まだ何もない新しいオフィスに、スタートアップ企業が集まる象徴的な家具がほしい、という依頼だった。
他方、シェアスペースの利用方法、利用人数などほとんどのことが未定で、
自分たちで使い方を発見していける可変的なオフィスにもしたいとのことだった。

そこで、29 個のバラバラな家具を１つの形状にまとめることで、
次の４つの「カタチ」と「世界観」を、１つの家具の中に併存させることを試みた。

①象徴的なカタチ	：初期にのみ現前する、スタートアップ企業を象徴した船型のテーブル	［世界観１］
②機能主義的なカタチ	：シェアオフィスで必要になり得る機能群を個々別で備えた 29 個の家具	［世界観２］
③利用者独自の空間体系によるカタチ	：利用者が使いながら発見し、一つ一つ構築していく各家具の役目	［世界観３］
④新陳代謝のカタチ	：新しい家具が入りやすい、もしくは部分的に家具を処分しやすい環境	［世界観４］

そして納品後、定期的にオフィスに訪れ家具の配置や利用状況を観察した。
「偶然の船」という「①象徴的なカタチ」として納品された家具は少しずつ壊れ、
「②機能主義的なカタチ」をベースに試行錯誤されながら、
「③利用者独自の空間体系によるカタチ」が少しずつ現れた。
さらに、その過程で利用者の増加や新しい家具の出現、および一部家具の改造や処分がされ、
最終的には想定をはるかに上回る利用人数となったため、家具納品から３年で移転することになった（「新陳代謝のカタチ」）。

同一性と全体性に関する有名なパラドックスである「テセウスの船」のように、
この家具にはあからさまな全体性が存在しながら、それが１つの像に収束しない。
全体性のあり方は観測者の視点（その人が持つコンテクスト）によって決まり、
たとえ１つのデザインだとしても、
複数の全体性が共時的・通時的に併存しうるし、
結局してしまう。

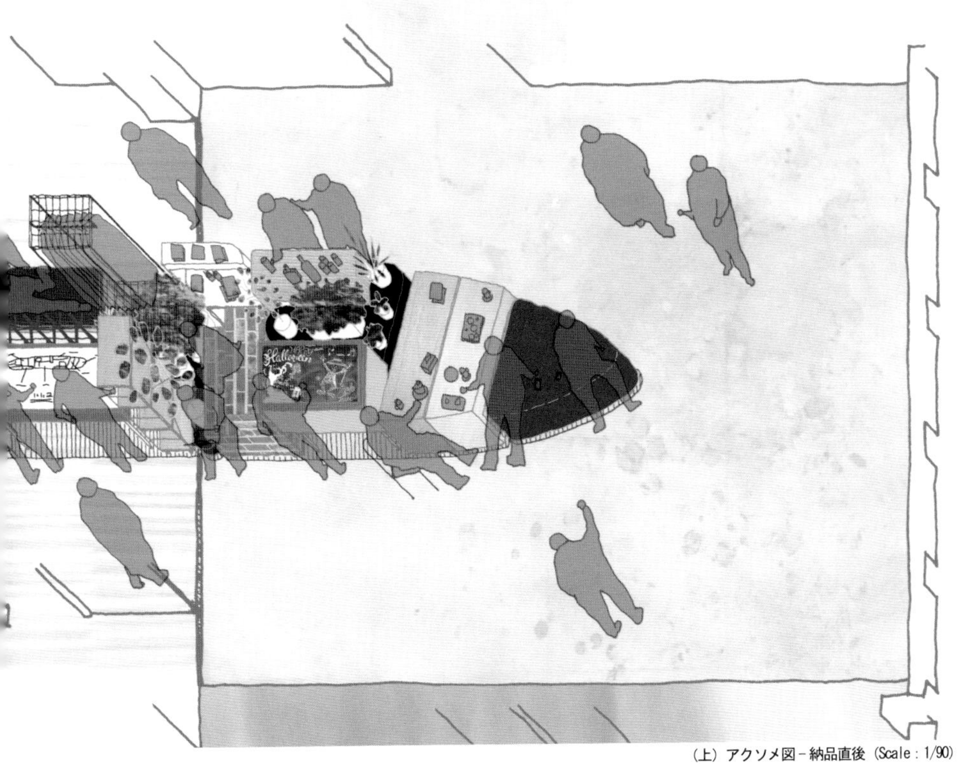

（上）アクソメ図 − 納品直後（Scale : 1/90）
（下）家具リスト − 納品直後（Scale : non）

01	02	03	04	05	06	07	08	09	10	11	12	13	14	15
16	17	18	19	20	21	22	23	24	25	26	27	28	29	

凡例(グレー枠)	凡例(赤枠)
施主持ち込みの家具	納品した家具

（下写真）納品直後の様子（撮影 : Ning-Guo）

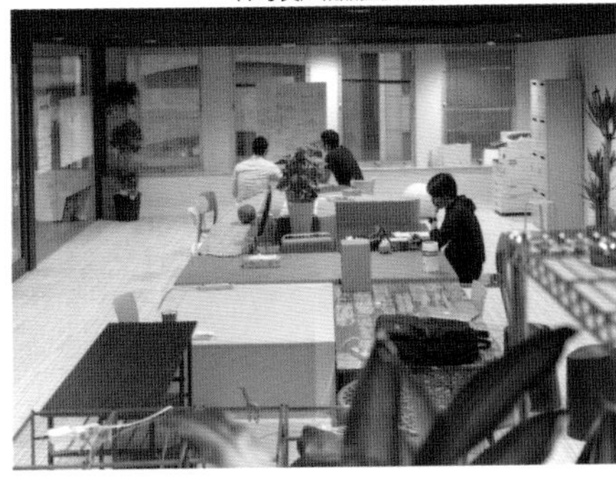

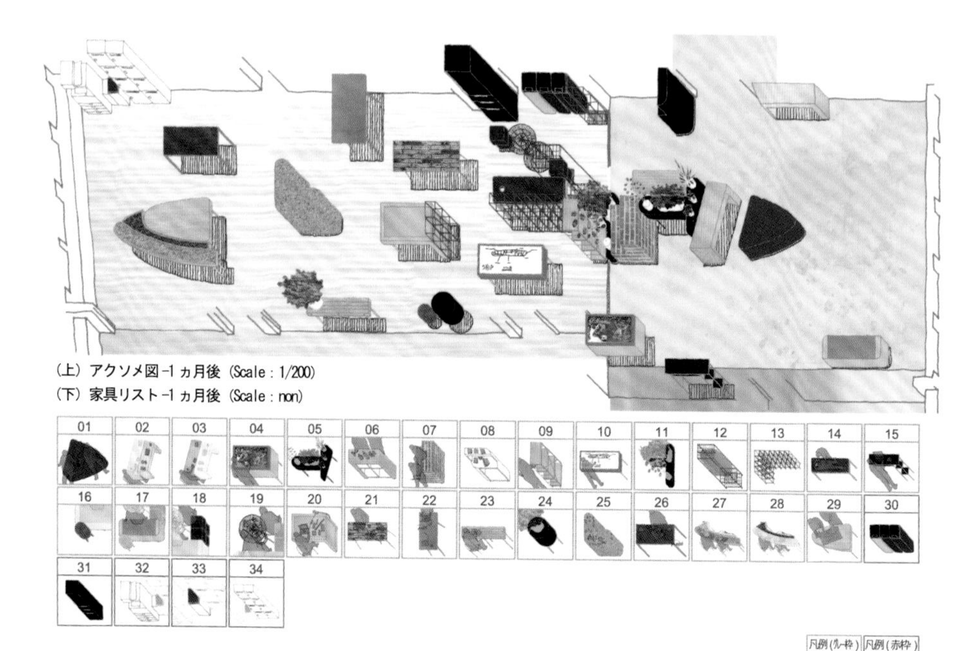

（上）アクソメ図 -1 ヵ月後（Scale : 1/200）
（下）家具リスト -1 ヵ月後（Scale : non）

01	02	03	04	05	06	07	08	09	10	11	12	13	14	15
16	17	18	19	20	21	22	23	24	25	26	27	28	29	30
31	32	33	34											

凡例（グレー枠）	凡例（赤枠）
既存家具	新しく加わった家具

（上）アクソメ図 -6 ヵ月後（Scale : 1/200）
（下）家具リスト -6 ヵ月後（Scale : non）

01	02	03	04	05	06	07	08	09	10	11	12	13	14	15
16	17	18	19	20	21	22	23	24	25	26	27	28	29	30
31	32	33	34	35	36	37	38	39	40	41	42	43	44	45
46	47													

凡例（グレー枠）	凡例（赤枠）	凡例（黄枠）	凡例（青枠）
前回から引き継いだ家具	新しく加わった家具	利用方法等が変化した家具	譲渡処分した家具

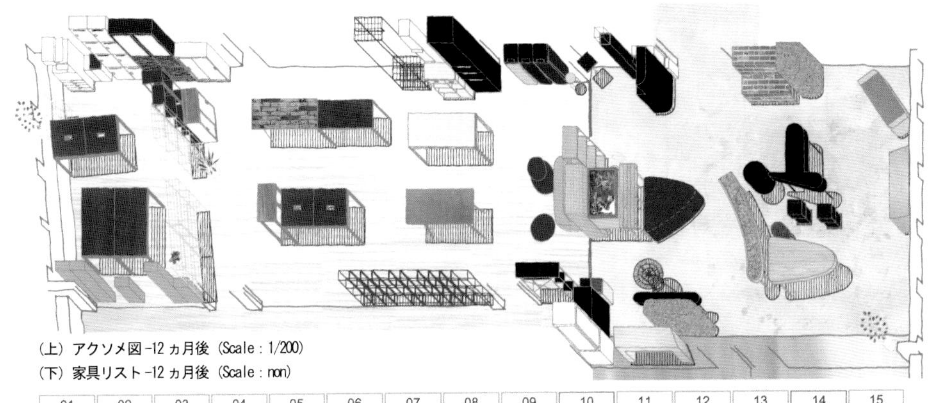

(上) アクソメ図 -12 ヵ月後 (Scale : 1/200)
(下) 家具リスト -12 ヵ月後 (Scale : non)

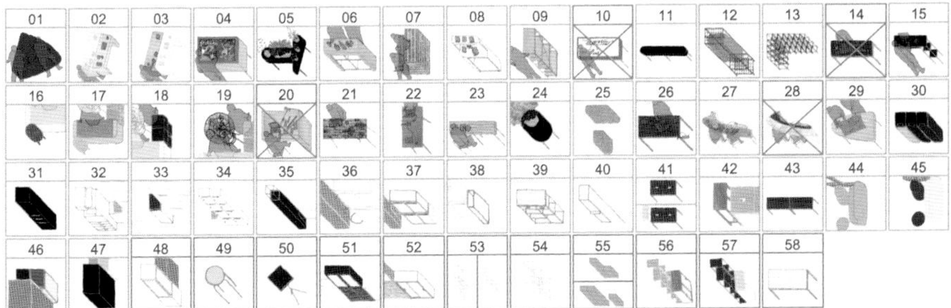

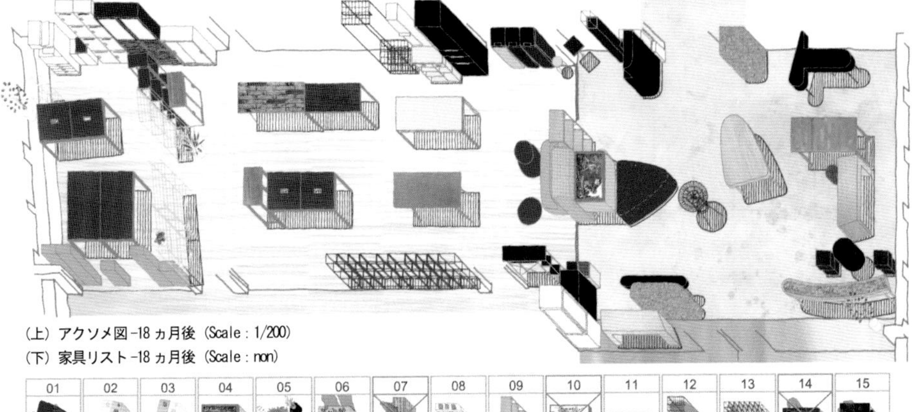

(上) アクソメ図 -18 ヵ月後 (Scale : 1/200)
(下) 家具リスト -18 ヵ月後 (Scale : non)

01 02 03 04 05 06 07 08 09 10 11 12 13 14 15
16 17 18 19 20 21 22 23 24 25 26 27 28 29 30
31 32 33 34 35 36 37 38 39 40 41 42 43 44 45
46 47 48 49 50 51 52 53 54 55 56 57 58 59

under 35 architects | 森恵吾 + 張婕（もり けいご + じゃん じえ）

全体像とその断片、あるいはそれらを行き来すること

全体像とその断片、あるいはそれらを行き来すること

断片の再構成

上海郊外に建つ眺望塔の断片を、実寸で再構成する試みである。

壁面には大小様々な開口が配置され、それらを介して、外と内、あるいは全体像とその断片の間に生まれる所作や意識の移り変わりを通して、来場者は頭の中にそれぞれの建築をつくり上げていく。

以下の文章は、マニフェストとしての言葉ではなく、設計や施工を通して、出来上がったモノと対峙することによって編み上げられた文章である。このテキストが、展示により多様な解釈を与えてくれることを願っている。

風景を編む

上海郊外の川縁に建つ給水塔を眺望塔に建て替える計画である。シルエットはそのままに、貯水タンクはガラスボックスに、といった内容である。

高所では 360 度開けた眺めの良い場所に建っており、周囲の木々の緑と相まって、既存のレンガ積みの壁面はとても美しくみえた。

この場所に長らくあり続けたこのイメージをいかに壊すことなく更新するかが当初の課題であった。

.2

.3

断片の集積が生むキャラクター

ここでの体験としては、地上と最上階を大きな階段で結ぶだけのものより、山登りのように時折佇んでは途中の景色も楽しめるものにしたいと考えた。

とはいえ壁面にぽっかりと窓を開けてしまうと、既存の重厚な雰囲気は立ち消えてしまうので、レンガ大の「小さな窓」をたくさん開けることにした。

そうすることで、壁面は全体が編み込まれたテキスタイルのようになった。また、窓を小さくすることで、窓辺に寄り添い外を覗く姿勢になるので、人と窓の距離は縮まる。

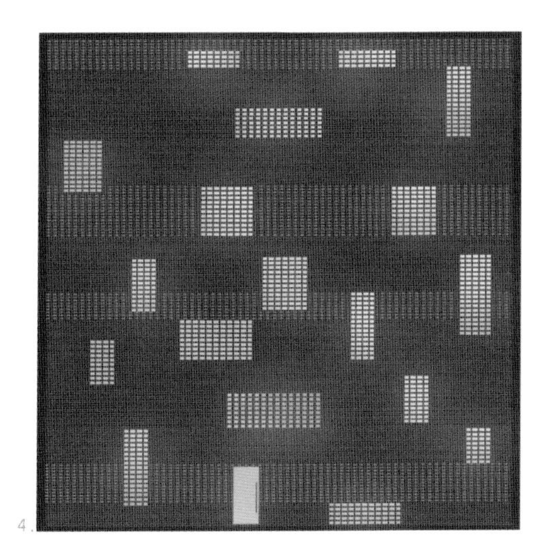
4.

断続的な連なり

この塔にはもう一つ、隣り合う部屋同士をつなぐ「大きな窓」があり、それはお互いを覗いたり、はぐれた人と周回遅れでふと出会ったり、といったようなことを齎す。

大小二つの窓は、人と人、内と外との関係性に働きかけ、25mの単調な風景に彩りを与える。

レンガと風景（窓）を編み込んだ外壁のパターンは、仄かに給水塔の雰囲気を残しつつも、組積造の重さをさらりと書き換えてみせている。

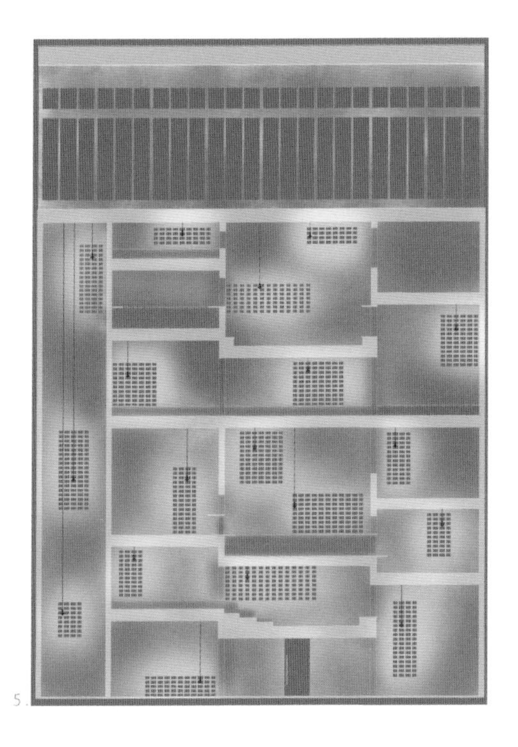
5.

1. 展示入口　開口部から全体模型を望む
2. 既存給水塔　美しく重厚な外観
3. タワー外観　凹凸と小さな窓が立体感を生む
4. 立面展開図　網の目のように絡み合う立面
5. 全体断面図　部屋群は螺旋状に連なり上昇していく。

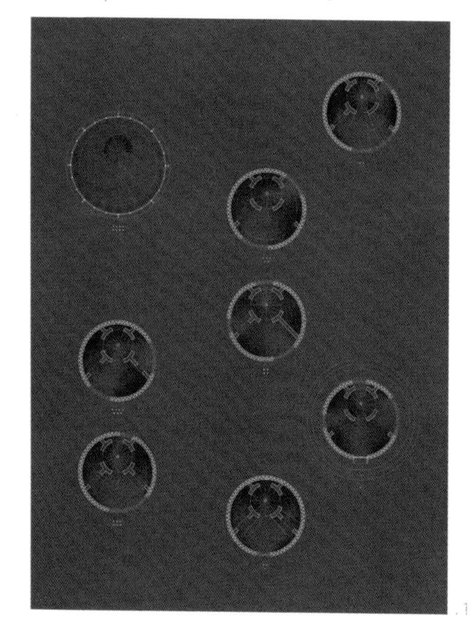
.1

.3

.4

1. 平面図 各階間の関係性を示す
2. 最上階 展望室
3. 7階 小さな部屋
4. 6階 2層吹き抜けの部屋
5. 5階 円形の部屋
6. 4階 見下ろす部屋
7. 3階 テーブルのある部屋
8. 2階 階段部屋
9. 1階 エントランス

8.

5.

6.

9.

7.

under 35 architects | 山田健太朗（やまだ けんたろう）

積層の野性／野性の積層

日本建築思想史
磯崎新
生活の装置
長谷川逸子
ルイス・カーン建築論集
パラレルな知性
アースダイバー
中沢新
ニエリスムと近代建築

ANYCUBIC
警告/WARNING
注意高温
CAUTION HIGH TEMPERATURE
注意夹手
WATCH YOUR HANDS AND FINGERS
Files
Print Rate
Time
Progress
E0 Temp
Bed Temp
X/Y/Z
PAUSE
STOP
S

積層の野性／野性の積層

デスクでPCとの睨み合いを続ける自分を横目に、積み木やブロックで遊ぶ息子を眺めていると、時に全く脈絡のない構築物が積み上がる。ともすれば車など様々なものも折重なり、倒壊ギリギリの状態を保っていたりする。

積層という構築方法は、今やエンジニアリングされたメーソンリー工法として定着しているが、様々な形状の石をうまく嵌めながら積んだ石垣や、山積みされた本で埋め尽くされている古本屋にも見られるように、本来そういった我々人類の中に備わる野性を伴っている。それは重力に従うままに物を積重ねていくとても根源的な行為で、時間の概念はあれどあらゆるヒエラルキーが無い（ということになっている）からではないか。

ブリコラージュの持つ記号性は60年前にレヴィ・ストロースが既に言っているとして、エンジニアリング化してしまった積層という構築方法の中に微かに残る野性を肥大化させ、その野性を飼いならして構造を再発見することで、建築が単体完結でなく更に上位のストラクチャーにつながっていくための方法を見出したい。

そんな言わばブリコラージュとエンジニアリングの中間、記号と概念の中間に位置するような建築の可能性を、展示で示すことができればと思う。

佐伯城本丸石垣

大分県の住宅

Hybrid jungle gym

The old book store at Chatuchak market

U-35 architects exhibition concept model

インタビュア：倉方俊輔　× 芦澤竜一 × 平田晃久

出展若手建築家：奥本卓也　甲斐貴大　Aleksandra Kovaleva＋佐藤敬　佐々木慧
西倉美祝　森恵吾＋張婕　山田健太朗

大阪駅

倉方俊輔

倉方：今日は言葉の交換、コミュニケーションを通じて、面白いことが現れたらいいなと考えています。まず、今年の審査委員長である芦澤竜一さんから今回の選出意図と、展示に直接関係なくても結構ですので、各出展者に聞いてみたいことをお話いただけますか。

芦澤：僕に審査員の番が回ってきて当初、自分なりの視点で審査事項を示したいと思っていました。今のこの混沌とした世の中、あるいはいろんな問題や課題がある世界において、建築でもう一度何が問えるか、あるいは建築とは何か、ということが議論できる作品を選出したいと考えました。皆さんもご存知の通り、建築には長い歴史があります。現代建築イコール現代社会と言えるのかもしれませんが、今は行き詰まりの状態に僕らはいると思っています。建築から社会を変えていくということは難しいように思われているのではないかと思う一方で、建築が社会を刺激していくことができる可能性は充分あると思うのです。そういう観点から応募作品を見させてもらい、皆さんを選ばせていただきました。七組七様の個性があって、皆良くも悪くもすごくよくできていて、達者だなあと思っています。では社会を変えていく兆しがあるか、という視点で見た時に、まだそこまでのものがどこまであるかというのは正直分からないので、是非その可能性を展示で見てみたいと思って期待しています。具体的にやっていることはそれぞれ違うことだと思いますが、それぞれのやっている活動や、自分のつくる建築で、何を世の中に語りたいのかということをお聞かせください。加えて今までの建築、あるいは建築家、建築界に対して思われていること、自分がそういう歴史や先輩に対してどう思っていて、自分はどういうことをやりたいのか、建築界に何を語りたいのかということを、最終的には展示で表現していただくことになりますが、まずはこの場で一言聞かせてもらいたいと思います。

奥本：まず今の建築家について、秋吉さんのように、結局お金を稼げないとダメだよね、いう方が象徴的に存在しています。だけど僕は空間を信じたい派です。そういうのは時代遅れだよ、と言われる風潮を感じていますが、好きな建築として挙げた、アーキグラムのウォーキング・シティのような何か分からないけど楽しいと感じられる展示を目指していきたいなと考えています。

甲斐：私は大学に入る前、美術予備校に通っていた頃から建築を勉強し始めて、大学を卒業してからもそれなりに経ちましたが、未だに建築が何なのかよく分かっていません。「建築とは何か」という問いは、自分の中の問いとしてずっとあります。だけど芯として一つ、人が生きることとか、生き方とか、そういうことについての新しい示唆を与えてくれる存在が、私にとっての建築であり、建築家なのではないかと思っています。私は大人になるにつれて自分がどんどん動物ではなくなっていくという感覚がずっとありまして、そこでもう一度動物としての人間として、どういう空間とか、どういう存在の仕方があり得るのか、ということについて考え続けていたいです。人生に影響を与えてくださった建築家の方々からは、自分が見ていなかった新しい世界の見方みたいなものを見せてもらってきたので、私もそういう自分なりの世界の見方を見つけたいですし、それが少しでも誰かにとっての新しい世界の見方になればいいなと思っています。今回の展示ではインスタレーション作品を制作しますが、そういうことを考えるきっかけになる作品ができたらと思っています。

佐藤：建築とは人間のための居場所をつくること、ということが僕たちの芯にあって、建築は、ある種不自由をつくることで自由を獲得することだと思っています。例えば壁を一つ立てた時に、その壁の向こう側に行けなくなってしまうという不自由をつくり出しているけど、風を防げたり、音を防げたり、それまでとは異なる環境が人間にとっての新しい自由を生み出します。建築にはそういった強さがある。人間の想像力を鼓舞し、建築をつくることがそのまま社会をつくっていくようなことを考えていきたいと思っています。

Kovaleva：人が集まる場所をつくりたいですね。空間だけではなくて、もっと大きく、場所とか環境を含めたものとしての広がりに建築の面白さを感じています。

佐々木：前の世代の建築家の方については、ここにいらっしゃる皆さんも含めて本当に面白いなと思って、今までとにかく無心に貪り食ってきました。それでやっと僕たちもやってやるぞと思って独立すると、本当に建築って信じられていないんだなあと、ひしひしと感じることがあります。街の為に何かをつくるにしても、そもそも信じられていないということにすごく打ちひしがれながら、でもここで止まるわけにはいかないという、理想と現実のギャップを今すごく感じているところです。その中で何が出来るか。チューニングというか、どうしたら先人がやってきたことの延長で、この現代の社会にインパクトを与えられるかということを模索しています。その中で今のところ僕の展示でも表現したいと思っていることとして、僕はよく非建築という言葉を与えてみるのですが、何かしらの括りの外側にしっかりと意識的に視点を与えて、そこからまた建築に持ってくることで、より社会や世の中に開かれている、もう一つ先の自由さがある建築をつくれないかなと考えています。逆説的ですが、建築を前提としない建築とはどういうやり方なのかを考えることが、一つこの社会の回答にならないかなと考えています。

西倉：僕はメスキータという建築が好きです。メスキータは、スペインのコルドバというすごく古い都市にある寺院、教会なんですが、キリスト教の教会でもあって、イスラム教の寺院でもあり、さらに観光客も行き来しているという、3 つの全然違う世界が同じ場所に同居し、それぞれのやりたいことを 100% やっている。戦争が世界中で起きている理由は、メスキータの中にいる 3 者が喧嘩している状態だと考えると、これは本当にすごいことだし、世界が本当は違う状態であり得るということを提示しています。僕が知っている限りメスキータの延長線上で現代建築を掘り下げてい

る人はあまりいないのですが、建築や実空間での公共性の考え方として、メスキータの実現していることと現代、特に建築で考えられている公共性では違いがあるからだと思います。例えばよく広場とか公園を自由な場所やある理想の形として取り上げることがあると思うのですが、元を辿るとギリシャのアゴラだったりするのですが、現代社会のカタチはそれとは全然違ったりします。皆、違う世界を生きていますが、同じ場所で生きているという状態を一つの建築のスケールでやっている。メスキータは一人のデザイナーによってつくられたわけではなく、長い歴史の中で偶然出来上がってきた産物ですし、建築物が全てを支えているわけではなく周りの文化や人の営みが支えている面もありますけれど、現にそこで実現していることがある。だけどそれはまだ建築では掘り下げられていないし、今社会が直面している大きい問題、つまり全然違う世界の人たちが同じ場所に来た時に喧嘩をしてしまうということが上手くできている状態、これが建築の中に詰まっています。そのため教会でも、住宅でも、商業施設や公共施設でも、僕はいろんな人がいろんな利害を持って存在する建物が一番面白いと思っています。そういうところでこそメスキータのような公共性のカタチは実現し得るものだし、実現していくことによって社会や実空間に対して寄与することができるのではないかと思っています。確かに建築家が自分たちのスコープとしてできるフィールドは少しずつ狭まってきていて、例えば建築よりもオンラインの方に予算を充てるというクライアントが増えてきているのは事実です。しかし設計すべき実空間が存在し続けるのは以前と同様ですし現に 1000 年以上前のメスキータのような実空間の事例からも可能性を掘り下げられていないわけですからすごくいろんなお宝があって、そこを掘り下げ、伸ばしていくことで大きな可能性があるのではないかと思っています。

奥本卓也

森：僕たちはスイスという保守的な国で学び、今中国にいるのですが、こういう乱れている世の中だからこそ、建築の意匠や歴史観についてもう一回じっくりと考えてみたいと思っています。また外から日本を見て、再度中国やヨーロッパを見てみると、皆が同じ方向を向いていくより、それぞれの興味や欲求を置かれた状況にフィットしていくことが幸せなことなのかなと思っています。例えば新しく見えるものを取り繕うよりも、自分の頭の中にあるいろんなものを自分なりに歴史の中に位置付けて、古いものを理解した上で、自分だけの新しさを見つけていくような。それが消費されようがされまいが、どちらでも良いのです。また、古いものを知らないと、何が新しいかは多分

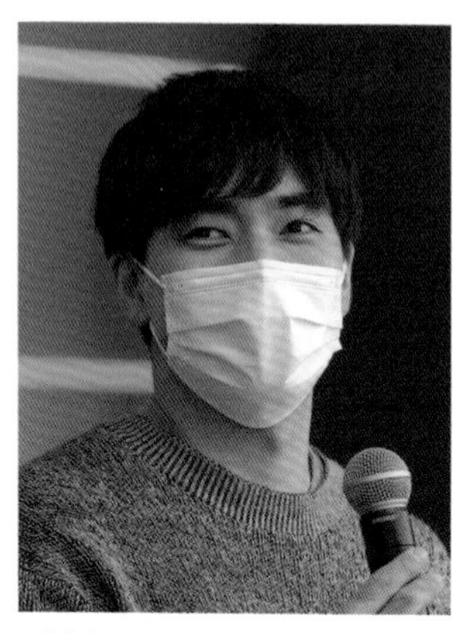
甲斐貴大

分からない。そういったことを含めて、学校で教えていて自分より若い人と触れ合う中で感じるのは、もっと全体を見てほしいということです。もう少しいろんなものを見てから新しいものをつくろうとしてほしいと思っています。また、僕たちにとって新しいものに固執するというのはあまり重要ではなく、それはふとした瞬間に生まれるものだと思っています。例えば最近勉強会で、ジョン・ロートナーについて触れました。彼はアメリカの西海岸を拠点に設計をしていたのですが、幾何学をうまく使い、とてもシンプルなプランを作る。だけど実際に行ってみると、例えばゴールドスタイン邸はすごく開放的で、身体的なスケールで展開していて、全体は読めないんですけれど図式はある。古典的だけれど新しさも持っていて、現代的であって、アジア的でもある。僕たちが中国で考えられることは、そういうことなのかなと思っています。僕たちの保守的なバックグラウンドを含め、今、そういったものを崩すタイミングにあり、次の面白いステップが少し見えてきているので、展示でもそういったものを表現できたらと思っています。

山田：僕たちは、いかに建築が社会性を帯びるかを考えるべきだという建築教育を受けてきた世代だと思うのです。僕もそういったことを教わりつつ、いまいちその議論に対して前向きになれないところがありました。ただ一方で出来ている建築や建築雑誌を見ると、平田さんや芦澤さんをはじめ、多くの建築家の方々がやっていることは、自分が信じるもので建築をつくっていてその先で社会とつながっているように見えたんです。そういう姿勢に僕はとても感化されて建築を始めました。しかしながら社会に出ると、実際に建築は応えるべきニーズがとても多いので、そこが第一義的になってしまい、個人の趣向から建築を語ることは暗黙の了解で禁じざるを得ないという状況が絶対的にあります。ただ僕は根本的に、自分の興味がある空間や作られるべき建築を、独立したからには一旦吐き出したいなと思って活動しています。だから社会に対してどうあるべきかというお題の答えにならないかもしれませんが、僕はまず自分が興味が向くものを吐き出した建築をつくることで結果的に社会を刺激することができればと思っています。

平田：僕も先輩面をしてここにいますけど、独立してまだ 20 年は経っていないんですね。わかってきたようなこともありますが、基本的には独立した頃とあまり変わっていない。そういう意味で言うと、同じような悩みの中にずっとあり続けるんだと思うんです。ただ、若い頃にこういうことがやりたいと言っていたことが、多少は実現してきています。例えば都市と関わるような大きなプロジェクトに何らかの形で関わりたいと言っていましたが、最近そういう仕事ができるようになってきました。だからずっと長く思い続けたり、やり続けていれば、何らか関わることになるだろうと思っていたらいいのではないでしょうか。皆さんは今後どうしていこうかと考えられている人たちだと思うので、それだけは伝えたいと思いました。名前を知っている人もいれば今回初めて知った人もいますので、プロジェクトの名前だけだと分からないのですが、どこか興味を共有している人もいるかもしれないと思っています。その、興味を共有しているというのは一体何なのか、ということが結構面白いことだと思うんです。僕は元々科学者になりたくて、本当は生物の研究がしたいと思っていたので、生態系の成り立ちなどにすごく興味があります。だけど現代社会というのは今まで思っていた以上にもっと異質な者同士のせめぎ合いで出来ているということに、何か形を与えようとしているのかなと思っているのです。それは皆の主題を見て何となく感じるし、そういうものをどういう風につくるかという話でもある。恐らく共通の関心がある人が多いのかなと思っています。ただもう一つ、そうやって主題を際立たせて考えると、どうしてもそのことばかりでつくってしまうからある種の禍々しさを持ってしまうんです。それが社会に気に入られない壁をつくり出

すということも僕は経験しています。コンペでも頑張れば頑張るほど取れないし、怒れば怒るほどドツボにハマっていく。かと言って仕事を取れれば良いのかと言うと、それは少し違うだろうみたいなものもありつつ、でも受け入れられないことをずっとやっていてもどこにも行かないだろうという話もある。しかしそれはもしかしたら、ある建築の考え方の未熟さなのかもしれないかなと思ったんです。つまり禍々しさが出てしまう建築の構えや理論、それ自体をもう少し違うものに変えていかないといけないのではないかと思うのです。僕たちの少し前の世代の建築家は、言っていることが本当に難しかったんです。言葉使いが難しいというか、ある意味言葉が出来ていないと言うのでしょうか。要するに一般社会でもなかなか通じない言葉遣いをしていたり、一般社会にとって意味不明なものをお金をかけてつくろうとしたりする、というギャップがずっと集積してきたがために、僕たちの置かれている状況としてそれを引き継いでしまっている苦しさがある。しかし建築に対して、全然一般社会の理解がないと言い続けても仕方ないですから、そこをどうにかするような考え方をつくりたいと思っています。正直に言うと、先輩の建築家達に、あなた達がそうやって距離を作り出してきたことでどんどんフィールドが狭まって、公共建築を取ることも難しくなっているんだ、何をやってきたんだと言いたいこともあったんです。皆さんはそのようなことを含めてどう考えているのか、聞いてみたいですね。

倉方：ここで芦澤さんには、平田さんの 3 つの主題に関して、同じことを答えていただきたいと思います。1 つ目は建築への姿勢が独立して設計を始めてから変わってきているのか、変わらないのかということ。2 つ目は今年の出展者の言葉に、自分と共鳴するものを感じたとしたら、それが何なのか。3 つ目は 50 歳になるまでに経験を積んできて、方法を変えることが必要だと思っているのか、逆にいっそう率直にいきたいと思うのか。その 3 点に関して、いかがでしょうか。

芦澤：僕は 29 歳で独立して大体 20 年が経ちました。変わらないところもあるし、建築に対する思考が変化しているところもあります。僕は安藤さんの事務所にいましたが、つくっている建築や、建築で求めているものは、この 20 年間で変わったと思います。ただ当時から、やっぱり建築で社会に対して何ができるかということを考えていました。それはずっと考えて続けていることだし、先ほど平田さんが言ったように、答えが出ているようで答えがないからずっと問答している状態です。平田さんから先ほど生物のお話がありましたけれど、そういう世界観から建築に落としていくつくり方、あるいは在り方というものを考えているのかなと思っています。僕も全く同じではないですが、建築で人間だけではなく自然界をどう幸せにできるかということをずっと考えています。いわゆる環境ですよね。環境は抽象的に考えていてもあまり意味がなくて、その場所や、そこに関わる人や、そこにいる動物などに対してより具象的に何ができるかということを、人間も生物界も含めて考えている、ということが最近すごく多くなっています。それは住宅のプロジェクトでも、森のような場所を再生するプロジェクトでもあまり垣根がなく、建築でそういうことをずっと考えられるんだなと最近感じているのです。だからこれはよく言われている話ですが、やっぱり人間が人間のことばかりを考えすぎた現代社会に、ほとんどそれをフォローするような建築が存在している。特に都市ではそうですが、建築家も建築界の人もかなり罪深いなと僕は自省しています。でも僕もそんなに良い人ではないから建築をつくってしまうわけです。求められて建築をつくっていくというモチベーションは否定できることではないし、根本的には自分のフィールド、いわばシェルターをつくるということだから、生きていくために人間の欲求としてある。ただつくり方ということに関してはいろんなアプローチがあるし、人間だけではなく、他の生物を巻き込んでつくっていくという視点で、僕は平田さんと共感するところがあります。先ほど西倉さんが言われたメスキータの話は、建築の残り方としてすごくあるなと思います。でもメスキータは、キリスト教とイスラムが同時に共存していた時代はないのではないですか？

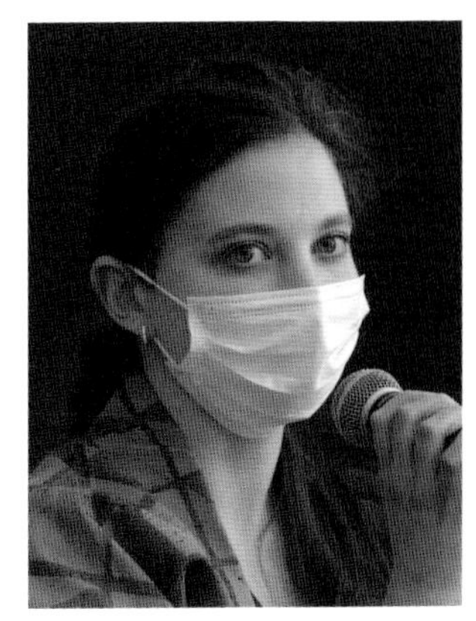
Aleksandra Kovaleva

佐藤敬

西倉：現在は同時に利用されています。過去は行ったり来たりです。

芦澤：おそらくツーリストの主な施設になり、宗教施設としてはあまり機能しなくなったというところで共存しているのかなと思っています。だけどそういう共存性みたいなことは理解できるし、建築がどんどん動いているという話とか、奥本さんがアーキグラムで未来を思考していくということを話されたことに対しても、僕もアーキグラムが好きでしたし、建築によって未来を如何に描くかということに共感できました。話が少し戻ってしまいますが、僕は 30 代前半の頃、ミースが大好きだったんですよ。

倉方：それは意外（笑）。

芦澤：意外ですか（笑）。如何に均質空間で世の中がフラットになっていて、A と B さらに Z までがどう結びつけられていくのか、考え得る視点はいろいろあります。今の現代建築が街に開くというミース的な考え方は、例えばバルセロナ・パビリオンのような流動的な空間のつくり方からそういうことが成し得たのだと昔は思っていたんです。だけどある時からどうも違うなと。ミースはユダヤ人で、やはり人間のことしか考えていない。要は地球そのものをちゃんと考えられていないと思うのです。地球をもっと俯瞰するという視点を持たなければいけないのです。バックミンスター・フラーが宇宙船地球号と言っているこたことやジャイプルにあるジャンタル・マルタンという天文観測所があります。これらの建築を通して思ったことは、宇宙や他の星という他者と地球界が繋がっているという視点をもって考えると、もう少し我々の住んでいる世界を俯瞰して観察しながら、自分たちのビジョンを野性的かつ理性的に判断して行動することが出来るのではないか。それで今に至ります。

倉方：ではあまり変わっていないということですか。

芦澤：そうですね。

倉方：だんだんと自分のやるべきことがはっきりしてくると、ある種の禍々しさが出てきて社会からより一層受け入れられずなかなかコンペが取れない、という平田さんが最後に言っていた問題について、芦澤さんも感じているのか、あるいはそういうこととは違うやり方ということですか？

佐々木慧

芦澤：確かにいろいろとバランスを考えています。暴走しすぎると仕事が破綻するという経験は何度もしてきたし、僕はコンペ向きではないですね、コンペは全然勝てない（笑）。知っているクライアントを如何に巻き込んでいって、共感しながらお互いにどんどんアップデートしようといろいろ考えてやっています。若い時はそこで暴走して揉めることも結構多かったですが、最近は問題少なくやっています。面白くない話ですが（笑）。

西倉：コンペに勝つことの意義というのがどれくらいあるんだろうと思うんです。捨てる神あれば拾う神ありとも言いますが、禍々しさというものが、たった 5% の人にとっての良いものであれば全人口の中で見れば 3 .5 ～ 4 億人くらいいるわけですよね。それでも良いのではないかという考え方もあるだろうし、むしろ複数人の意見に設計を委ねられるコンペや、コンペのプロセスも業界から見ると良くない傾向になっています。本当にそれが公共的なのか。またそもそも多くの人に設計プロセスを委ねることが建築の正義なのかということも気になります。

平田：コンペが非常にラディカルな案を世の中に実現せしめる機会だった時代とは今は違うかもしれないですね。僕の場合でも、プライベートなクライアントから来た仕事の方が、その人にちゃんと共感してもらえれば実現するんです。コンペの時は全部に共感してもらわないと絶対に通らない。そういう意味では自分の中で一番ラディカルだと思う案はむしろ個別のクライアントに対してついた方が成功するかもしれないと思います。ただ、やっぱり規模が大きいものになると、個別のクライアントがくれることもあるかもしれないけれど、そうではない場合が多いと思います。それと今おっしゃっていたように数 % だとしても、その層にちゃんと訴えかけられればそれは成立する一つのサイクルになるし、公共性というものは本当に細分化していて、それを多様と言ってしまえばそれまでなのですが、多様と言う時の意味合いが非常に深まってきている気がしています。だからそ

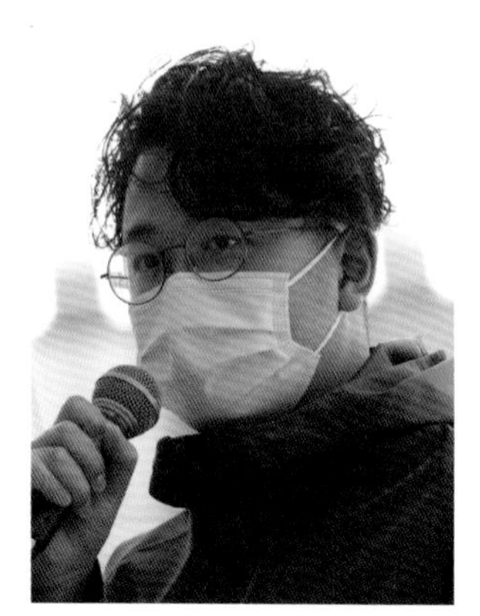
西倉美祝

こに対してどう考えていくのかということが、これから建築をどう考えるかということに直結しているのだろうと思いますね。僕は体質的に勝負が好きなので、コンペと言われるとすごくやる気が出るんです。ただそうは言ってもやりたいことをやると通るわけでもないということが楽しくもあり、少し不満でもあります。もう少しそういう場所にものを言える立場を獲得できれば、また変えていきたいなとは思いますね。

倉方：先ほど佐々木さんが言われたように、建築が信じられていない状況というのは、実際に大学や綺麗事の世界の外に出ると、すぐに直面するものかもしれません。平田さんが一貫されているのは、設計の内容を以前の世代の非インクルーシブなものからインクルーシブなものにしようとしている。だとしたら、我々のインクルーシブな考え方がなぜコンペで受け入れられないんだ、と突っぱねるのも専制的な旧来の姿勢であって、コンペや社会の状況ともインクルーシブにしてつなげていくことを、また設計の内容に組み入れている点です。そのようにコンペを捉えているというのは、芦澤さんとはまた違うあり方だなと思います。

佐藤：先ほど人間主義の話が出ましたが、本当に近代は人間主義を突き詰めたのかなというところに疑問があります。というのは突き詰めた結果が今の都市であるとしたら、人間はあまり幸せになっていない。本当はその先に隣人として動物とか植物とかいろんなものがいて、みんなを包括するようなことを考えていくのが建築に必要なのではないかなと思っています。僕たちがロシア館の改修のプロジェクトを通じて得た問いとして、「なおす」という観念があります。例えば新築をやる時にも、「なおす」と考えてみると面白いなと思っています。建築をつくることが街をなおすことになったり、街をつくることが環境をなおすことになったり。なおすと考えてみることで、一つの大きな世界の循環の中でものごとを捉えられるなと考えています。芦澤さんが考える人間主義というものがどういったものを指しているのかが気になりました。

芦澤：当初の近代化というのは、本当に人間だけのことを考えているわけではないと思うんです。あらゆることをオーガナイズして、モダニゼーションしていくことが本来の近代だと思いますが、現状というのは少し違いますよね。他者性や、人間以外への示唆がどんどん失われている状況に対して僕は危機感を感じているので、建築でそういうことを解決できる可能性があるのではないかなと思っています。それでなおすという発想はすごく共感するところがあります。新築かリノベーションかで区別されがちですが、僕は全部を更新しているという意味で全てリノベーションだと思うのです。今ある現状の姿や都市の姿、住宅地の姿を新しくつくるのではなく、あくまでそこに今まであったいろんな文脈を踏まえて、それを背負った上で次にどうするかということを更新していくという視点はすごく大事だと思います。

倉方：芦澤さんはまさに琵琶湖の環境をなおしたりされています。「なおす」という視点は受動的ではなく、より建築を能動的、主体的にする。理念としてさまざまなことに通用しますね。

奥本：甲斐さんの、動物ではなくなっていくという話を受けて、建築を見るにしても、言葉で聞くと理屈で納得する癖がついてしまっていると感じています。実は学生時代から劣等生であまり面白いものを出せないことに少しコンプレックスがあったんです。前の事務所に入って完全に影響下にあったと思うのですが、だんだん理屈で突き詰めていくとそれはそれで面白いものができるんだなと自分なりに分かってきたつもりだったのが、それが良いのかという問いかけに聞こえました。最

近クライアントを説得するばかりを考えているなと、ハッとさせられました。

森：僕たちは今中国で建築をやっていますが商業建築の設計など、これまでにあまり経験のないことがらに対して、悪戦苦闘しながら、ここ 3、4 年やってきました。これは多分日本でも同じような状況が起きていると思っていて、全体像は明快にあるけれど、それに近づいても離れても、奥行きがなく単調なものが多くなっている気がしています。そうならないように気をつけて設計しているんですが、皆さんは商業建築を設計する際に、どういった意気込みで挑んでいるのかということをお聞きできると面白いなと思います。

佐々木：僕は狙ったわけではないんですけど、個人の住宅とかではなくてほとんど民間の企業相手の仕事が多いんです。おっしゃるように商業は何を決めるにしてもすごく合理性が必要なんですね。例えばホテルを設計しているとして、あらゆるものを決める時にはこれがどう売れるのか、どうお金を生むのか、そこがまず前提条件として出てくる。その中で僕がどのクライアントとも会話をしていて面白いなと思うのは、まず共通していることとして地域に何かしら寄与しようという思いがある、ということ。それによってちゃんと経済も回るし街も良くなるという合理性を見つけてきているんですね。例えばこれは展示しようと思っているのですが、公園の中に建物を建てるプロジェクトがあって、公園をどう経済的に回すのかというと、建物が開かれて人に使われることで経済も回って街に寄与するわけで、その経済を回すということと、全体を考えて良くしようとすることと、建築を面白くすることというのが全然相反せずにいける道があるんだなということを最近すごく感じています。だから、突拍子もない形とか、パッと見て特徴的すぎる形は、普通にすると格好良いのかみたいな話になりますが、ここがこういう風や街に対して良いですよねとか、こういう屋根の高い向きが良いですよねとか、つぶさに小さな合理性を積み重ねていくと新しい形に至っていくという感触が最近あります。それをなんとか論理的にまとめられないかなと思っています。だから商業的であることにネガティブなことはあまり感じていないです。

西倉：僕たちは商業を割と肯定する世代だと思うんですよ。というのも先ほどから何度か挙がっていた動物的という言葉は 1 つのキーワードになっていると思っています。東さんが『動物化するポストモダン』を出したのが 2001 年。東さんがバリバリ論壇で活躍され、建築の方とも議論をしていた時期が、僕たちの学生時代と被っていましたので少なからず間接的に影響を受けていると思います。人間が動物としてあるということは 20 世紀においてあまり肯定的に思われていない。消費をするだけの動物とか、消費モンスターというようなものと考えられていたけれど、動物であるとい

森恵吾+張婕

うことを肯定した時に見えてくる世界も当然あるし、商業においては特に、動物的というとある決まった動きをするということを想定の中に入れられますから、それを踏まえた上で商業建築をやっていったら実はすごく面白くジャンプアップする事例も実際にあります。あるいは動物であることを前提に受け入れると、自然と人間の境界線も曖昧になってくる。動物と同じようなビヘイビアを人間も持っていると考えて同じ延長線上で考えること、ないしは動物の方を人間の延長線上に考えるという、動物を肯定した上で次は何ができるかということは僕たちの世界で結構共通しているところがあるのではないかなと思いました。

山田：西倉さんの話に通ずるところで、それまでの平田さんの問いも含めて、立場として共通するところはあるんじゃないかと思います。佐々木さんから小さな合理性を重ねていくと両方を成り立たせることができるという話もありましたが、僕が実践している積層という考え方は、例えば木造だとか、鉄骨造だとか、鉄筋コンクリート造は、それぞれ全然違う文脈で発展しているので、それぞれの合理性みたいなものを他の合理性に当てはめようとしても成り立たないというところもある。一方で積層というストラクチャーにあてはめると、何か新しい合理が生まれるところがあると考えています。以前西倉さんが zoom でレクチャーをされていたのを拝見したことがあるのですが事例を紹介された時に、商業施設の中にパスが通っていて、絶対的な機能は担保されているけれども、ともすれば全然別の機能としても役立つことがあって、その部分が合理性が共存できている、喧嘩をしていない状態であるのではないかという見方が紹介されていました。まさにそういう状態をつくるべきという考え方が今日建築をつくる上で潜在意識のどこかで共通しているのではないかと思います。

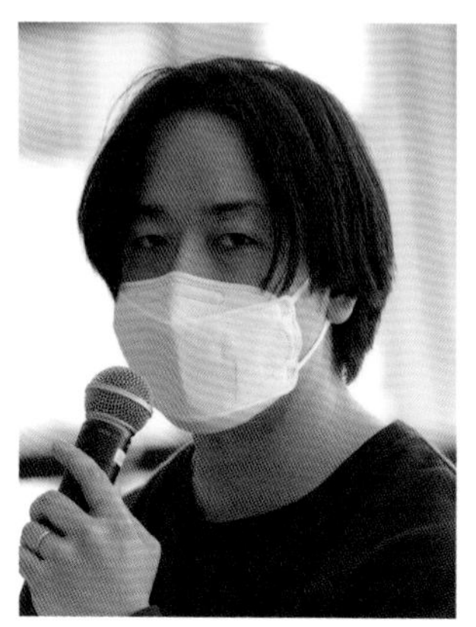
山田健太朗

平田：僕のキャリアは商業建築から始まっているんです。最初の作品から 3 つが商業で、農作業器具のためのショールーム、R-MINAMIAOYAMA という階段でできたような商業ビルと、sarugaku というもの。伊東事務所で最後の仕事も TOD's という商業ビルで、僕は当時結構動物という言葉を使っていたんですよね。東さんも間接的に影響を受けたのかもしれないのですが、東さんの動物という言葉の使い方はどちらかというと動物的次元で、例えば環境で人をコントロールするみたいな話とかで動物が出てきて、動物的本能という話はしていなかったのです。僕はどちらかというとそちらの方に惹かれていました。なぜそう思うのかというと、TOD'S をやっていた時にクライアントが伊東さんの案を見事に否定するんです。僕たちもその時すごく悩んだんですね。しかし彼にはなぜか確信があって、ここで人が入ったらこっちには行かない、ここに出っ張りがあったら向こうに行かないとか、直感力がものすごく優れていたから一代にしてああいうブランドを立ち上げたんだと思うんですが、それは人間というよりは魚の群れとか動物に似ているなと思ったんですね。もう一人、パリでデパートをやっている人が、グラスゴーに出店するというプロジェクトに伊東さんが呼ばれた時に、あるイタリア人の社長さんが、パリ中のデパートを案内してくれたのですが、良いことも悪いことも全部分かっていて、悪い部分については、人間の習性を掴み取って全部説明してくれたんです。この人も人を動物として見ているなと。この感覚というのが建築は今まで全然持ってこなかったのではないかと思っているので、そこには共感しますね。ただ僕は人間ということをつき離して、一度遠ざかった視点で見た時に、もっと建築が変わっていくということを感じつつも、東日本大震災とかいろんなことがあったりした時に、その話だけで通用するのか、もう少し違った建築のあり方はないんだろうかと思っています。先ほどの人間主義、ヒューマニズムはそんなに単純に捉えられないのではないかという話もありましたが、人間というものを一回りして、建築がどういう風に扱うことができるのかということをやっぱり考えないといけない。一方で、分からないなりに自然に対して向き合い直すとかなんだかんだ言っているけれど、結局総体としてはっきりとこれができるという風に言えるのか、分からないことや整合性がないことがあまりにも沢山あって、その中で 1 つの世界として完結した説明ができるのだろうかということにも疑いを持っている部分があります。そういう最中で何をつくれるのかが興味があるところなんですね。先ほど直接質問に答えたわけではないけれど、僕がやりたいのはいろんな人につくってもらうということではないんです。むしろいろんな人が考えていることをもう一回自分の頭を経由して自分が考えていることや、あるいはそこに共鳴し得るものがあるとしたらそれは何なのかということの中に面白くて新しいものが生まれるきっかけ、新しいと言いつつもしかしたら数百年とか数千年とか遡るような何かに行き当たるきっかけが生まれるかもしれないと思っています。そこには人間ということも少し関係しているのではないかなと最近は思っています。

森：人間の感覚の話を聞いているとスタディの部分にすごく興味が出てきました。僕たちの世代は学び始めた頃から 3D がありました。中国ではすごく設計期間が短いこともあって模型をほとんどつくらずにやっているんですね。上の世代の方はやっぱり模型を沢山つくられますし、どうやって身体感覚みたいなものをスタディしていくのか。僕たちの世代ではどういった方法でやろうとしているのかということがすごく気になっていて、皆で話せたら面白いなと思います。

佐藤：3D はもちろん使いますけど、僕たちの中では図面と模型はいまだにとても大切です。光とか音とか肌触りとか風が抜ける感じとか、それらが情報化され精度が上がってくると、その外側へ思考が逃れにくくなっちゃうのかなと。受動的な情報の中で判断していくので設計のリズムというかスピード感が速まることにも危うさを感じます。一方、図面や模型を見ている時って情報が少ない

平田晃久

からこそ、身体的に想像力を使ってゆっくり考えてみるということをスタディとしてやっています。

甲斐：私は模型をつくるのがすごく好きなんですが、普段の検討では模型をつくることはほとんどなくて、3D モデル と 1/1 を行ったり来たりすることがほとんどです。設計者である我々は、図面だろうと模型だろうと 3D モデルだろうと、そのメディアの余白に想像力を働かせることができると思うんです。図面を描きながら、頭の中に 3D モデルが立ち現れているのと同じように、マテリアル情報のない抽象的な白い箱をモデリングしながらも、重力や質感、マテリアル同士の摩擦のようなものを感じています。第三者とのコミュニケーションツールとしての模型と 3D モデルだと全く話は違ってきますが、あくまでもスタディの手段としては、マテリアリティを想像しながらモデリングして、その場で 1/1 に出力 (制作) してフィードバックする、というのがいまのところはしっくりきています。

奥本：前職時代に ATELIER MOZH の 2 人と同じく中国で少し仕事をしていて、模型をほとんどつくらないということに結構驚きました。そこであまりできなかったので、3D を覚えて、モデリングしてということをやっていました。それで自分としては 3D のパースを描けることに憧れみたいなものもあったので、意気揚々とクライアントに見せて、3D すごいでしょう、と見せても全然ピンと来てくれなかったんです。それよりラフなスタディ模型をじっくり見られる時があったのですが、プロが見たら 3D や図面等で十分共感し合えるけど、やっぱりコミュニケーションのツールとしては当たり前のことですけども、模型を取り囲んでグルグルと、リアルタイムレンダリングしていく方がすぐに共感してくれるということもあります。何十枚もパースを描いたのに、これ 1 個で納得し

芦澤竜一

てもらえたということが個人的な体験としてありますので、今回の展覧会で言うと、実物を実際に見てもらうことの醍醐味、建築からすると一部かもしれないですけど、実物手に取ってもらえたり、見てもらえたり、体験してもらえるということの良さを考えるにあたって、改めて 3D と模型を行ったり来たりするものと感じていることがあります。

倉方：少し違うことで言うと、いわば人間の中にある「自然」をいかに扱うかということにここ 20 年くらいで向かっていると思います。中心にあるのは、人間とは何かということです。この間、例えば「感情史」と呼ばれる感情の研究が盛んになりました。感情は必ずしも普遍的なものではなく、時代によってそのありよう、社会での取り扱いようが変化するものです。それは完全に主体的でもないし完全に客体的でもない。また、いくつかの層に分割されるものです。大きくは affection と emotion に分かれます。affection は日本語に訳すと情動です。それは思いもかけず、あちら側からやってくるものです。理性は完全に受け身です。emotion は、それらを文化的背景と共に再構成して、自覚的なところも含めて作用するものです。以上のような論点を導入すると、先ほど森さんが言われたことは affection に近い。外から見たらこうで中に入ったら違うといった魅力が、人を引きつける商業的なものになるのですから。佐々木さんの話は、例えば地域貢献というのは確かに数値的なものもあるけれども、同時にそれがオーナーにとっても使う側にとっても、そこで過ごすと心地良い、あるいは自分の街にいる気がするといった、どんな自分に納得するかということに関連する。これも、論理ではなく、emotion としての感情に属する事柄ではないかと思います。建築家という存在は、例えば内部と外部のつくりが一致するとか、論理の側で考えてしまうけれど、商業の上手な人は、人間のいわば感情のロジックのようなものを捉えている。それを捉えようという流れが、先ほどの「感情史」、あるいは従来の経済学が前提としていた論理に行動する人間ではない前提から始まる「行動経済学」といった最近の学問の興隆にはある。他方で、社会全体はますます人間の中の「自然」を抑圧する傾向にある。その傾向が立脚している論理とはまた違った感情のロジック、あるいはそれを内在させている商業建築に、人間的なものを救う活路を見ているとも言えます。こうした動きが建築界でも 20 年ほど浮上してきた。そして今日、こうして話題になっている。商業というテーマは実は人間、そして自然への関心とつながっています。

芦澤：僕も最初はインテリアから始めて建築をやってきました。多分 20 年、もう少し前は、商業は建築ではないという議論もありました。ただ我々がものを買ったり、食事しに行ったりする場所と、寝泊まりする家というのは地続きで、体験としてはずっと繋がっているものだと思うのです。だからそこをあまり分け隔てして考えるべきではないとずっと思っています。今もホテルなどの商業施設をやっていますが、商業施設は建築ではないみたいな感覚は全然ありません。動物的という話がありましたが、例えばオフィスの機能性を優先した空間とは異なり、空間の物語や驚きが求められていて、そういう意味でより動物的な感覚が必要になってくると思うのです。ただ今まで商業、住宅、オフィスとか、そういう機能で建築はわけられていて、それぞれのビルディングタイプがつくられてきたので、そのこと自体をもう少し見直した方が良いと思っています。それは都市で集約的に管理し、生産する上ではビルディングタイプに分けていく方が容易な環境にはなると思うけれども、動物的感覚というのはやはり機能性を重視することで失われていくと思います。複合施設の中でも結局、ビルの中でフロアが全部わかれていて、動物的な感覚が働くような建築空間とは程遠いような状況になっている。そういう意味で今の都市空間も商業もオフィスも、あるいは学校施設も含めて、もっともっと探求できる余地があるのではないかと思っています。

倉方：今回はそれぞれの主張をぶつけ合うというよりも、話題が適切に逸脱し、出展者の皆さまのおかげで拡大しながら、一つの思想の平面が共同制作された感じがします。平田さんと芦澤さんという同年生まれとしての共通点はありながら、建築家としての立ち位置が異なるお二人がいたことも大きいかもしれません。秋の展覧会はまた別で、それぞれの出展者の主張を個別に発揮してもらう場となります。それを十分に展開する上でも、今日の刺激を持ち帰っていただければと思います。私も気づかされる点が多かった時間でした。ありがとうございました。

2022 年 4 月 1 日

本展・展覧会会場（大阪駅・中央北口前　うめきたシップホール）にて

経験と体験～口遊む建築

「見えない、触れられない、近づけない」人との交流を制限された日常を経験した私たち世代は、その表情を制限されたマスク生活で、嘘をつけない目を見られる恐怖さえも感じていた。今まで口元で表情をつくってきた外面の感情が見透かされてしまうのではないかと、自らの行動を振り返る日々に、感情まで振り回された。「過去は事実、未来は誰にでも創れる」と言われるとおり、過去を悔いるより未来を抱くことを重んじていても、先の見えない情勢の続く中では戸惑いが大きく、自粛要請があるたびに思考停止した。そんな私でも素晴らしい建築に出会うと、心が動き気持ちを解き放つ瞬間が訪れる。「行ってみたい、訪れたい、体験したい」と思う出会いへの期待。サービスを準備され、与えられて驚かされるよりも、自らの感性で発見する説明文のない空間への経験と、解釈を導こうとする自らの思考訓練をもたらす場に憧れを感じるようになった。そのひとつが、自分がその場にいて空間の一部となり、立ち去る名残惜しい感情。目まぐるしい心の揺れは一時のものではなく、空間に残り人に継がれていく。もし素晴らしい建築空間に出会っていない読者がいたら、「たかが建築」と称されてしまいそうだが、一般的には声帯を薄く音に充て、スタッカートをビブラートに混ぜて奏でる音楽を聴くと鳥肌が立つ空間現象に近いのだろう、心が高揚するのだ。でもネットにつないだケータイのアプリでいつでも個人で聴くことができる音楽と違い、建築の体験はその場に行かなければ経験できない。相互にその経験の足跡が残ることで人と空間が繋がり関係し合うような感覚。このような建築空間に出会うと記憶の中でも心が揺れ動かされ、それを心地よく感じているのが私にとっての建築の存在である。

4月の座談会では、晴れて選出された本展の出展者7組がその期待を背負い、自身の作品について思い思いに話すのだが、そこにはたくさんの実務経験から得た蓄えが垣間見え、出展者たちの発表を聞くことで憧れを抱く場である。それぞれの生きてきた体験による解釈という個性を放ちつつ、自らが取り組んだ経験を話す。あえて言うなら、若手でも、ここに出展する建築家たちは、同じ形態や表現で示す人はひとりもいない。自身の解釈から考え方を示す手法を探り、設計するのだ。しかし出展者のひとりひとりの表現の仕方がこんなにも違うのに、7組の出展者は同じ空気の中にいて一つの場を奏でる。鮮やかなマーブル色のように、それぞれが主張をしながらも空気を一体に包み込んでくれる。人と比べたり優劣をつけることで社会は成り立ち、うまく機能していると感じることもあるのだが、建築は人の違う感性を包み、色づけという機能を見つけてくれるものだと学んだ。建築は比べるものではなく、それぞれが沸き立つ意欲を持ち、強く諦めず、伝えたいものがある限り、人の心を動かし晴れやかにする空間を生み出していく。その空間を訪れる人々が感じたものを足跡として残していけるような建築に本展で出会いたい。

奥本卓也

広島を拠点に活動する奥本の出展作品「ENHANCED architecture」は小さな空間が積み重ねられ繋がっていく垂直方向に関係性を持つ建物である。小さな空間一つ一つはそれぞれが合理的に場所に働きかけ、意味を持つ。空間の可能性を信じる彼ならではの、訪れる人々に不思議議な幸福感を与えながら体験を促す。どこか掴めないような感情のふわつきだが、それは空間だけではなくその場所や地域に影響を与え明快な流れをつくり出している。

甲斐貴大

甲斐は素材とデジタルファブリケーションを融合させ、現代的でありながら人の動きや生活と密接に繋がっていく自然的な面を持つ不思議さが特徴的だ。今回の出展作品である「mistletoe」は永遠の命のシンボルとも呼ばれる植物の名前であるが、甲斐自身の中にも建築と向き合う中で人を中心に長く根付いていくようなものを追い求めながら問い続け、それらをどう伝えていくべきなのか、技術とも向き合いながらもがく強さや信念を感じた。

Aleksandra Kovaleva＋佐藤敬

Kovaleva と佐藤、日露ユニットが主宰する KASA。出展作品はロシアの文化拠点であるヴェネツィア・ビエンナーレ会場ロシア館の改修である。オリジナルの建物の開口部が時代とともに塞がれてしまったのに対し、彼らは周辺環境との関係を一からつくるのではなく「なおす」ことで再構築を目指している。古いものにある味を見つけ新しい価値を見出す挑戦は、私たちが懐かしさに魅力を感じながらも新しいものに頼り、追うことにばかりに執着してしまう衝動に何か大きな影響を与えてくれるのではないかと感じた。

佐々木慧

福岡を拠点に活動し、axonometric の代表を務める佐々木の作品は、体験や風景をどのように活かし、訪れる者と場所を結びつけるのかを模索している。佐々木は「非建築」、建築以外のものに対して寛容に受け取り意識を向け、境界を作るのではなく間にある関係性、隙間を考えることでより広い建築という枠組みを築き繋がっていく体験を表現してくれるのだろう。本展でも期待している。

西倉美祝

京都と東京を軸に活動する西倉の出展作品「偶然の船 / 壊れた偶然の船」は渋谷のシェアオフィスのために作られた 29 個の家具の集合体である。それぞれが違う機能を持ちながら互いに関係性を持ち合わせるでもなく、ただ同じ空間に存在している。いつ誰がどこに現れ出会えるのかわからない「偶然」にまみれたこの世の中でそれを体現させるような彼の作品は、何か人が日常に甘んじて見えていなかった部分を見せてくれるのではないだろうか。

森恵吾＋張婕

上海と東京を拠点に活動する ATELIER MOZH の二人は全体像とそれらを様々な視点から見た断片に落差が生じないような体験のある空間を目指す。拠点を海外にも持つ彼らは内側からだけではなく外側から俯瞰して見たり、体験してみることで新たな興味を展開していく。今回の作品ではそのような彼らの立場や視点の変化を強みに、生物的かつ科学的な新しい表現による展示に注目したい。

山田健太朗

木材と鉄骨、コンクリートブロックの積層体である山田の出展作品「積層の野性／野性の積層」は異質なものが重なっていくことで生まれる一つの塊として存在している。小さな単位のものが積層すると個々のものに目を向けず全体として捉えてしまいがちだが、それぞれに少しの隙間をつくり、つなぎ目から垣間見える繋がりを意識させる彼の作品には集団としてではなく一人一人、一つ一つに丁寧に向き合おうとする思いを感じた。

あとがき

厚生労働省の白書において「団塊世代（1947 年（昭和 22 年）～49 年（昭和 24 年）生まれ）」と称される世代が、この 5 年ほどの期間でほぼ勤めを終えようとしている。その数は 600 万人を超える。2022 年での年齢は 73～75 歳となり、日本の医療制度上は、2025 年までに後期高齢者（75 歳以上）に該当する世代であるのだが、2007 年頃に最初の団塊世代が 60 歳に到達し、定年退職のラッシュが始まったと言われてから 15 年が経つ。2007 年は、大学の進学希望者数と大学の定員数が一

致して、理論上選り好みさえしなければ誰でも大学に進むことができた「大学全入時代」の到来から 15 年目ということでもある。教育機会の充実だと言えば聞こえは良いが、現実には学生数が定員に満たない大学が続出し、近年のコロナ・ショックの進学減の影響も受け、教育機関にとっては厳しい淘汰の時代だろう。都市・建築・生活系の学科をもつ私立大学の約 5 割は定員割れとなり、今後、職種の人気度や授業料免除、就活へ有効に働くという情報によって受験者数が集中する大学と、入試の段階から定員に達しない大学との二極化が一層進む。各大学は経営が成り立たず深刻な事態を迎える時代に突入したが、全入時代が受験戦争の緩和に役立たず、淘汰される時代になるとは皮肉な話だ。私たち在学生にとっても他人ごとではなく、就活を控えたこれから最も厳しい現実が迫ってくるだろう。それは近年、優良企業が採用にあたって「どこの大学を出たか」より『何を学び、どのようなことに取り組み、何ができるのか』を問うようになってきたからだ。大学にとっても私たち学生にとっても、新たな競争の始まりであることを感じ取り、出展者たちが真摯に取り組む姿勢から、経験と体験の必要性の多くをあらためて学びたい。

奥西真夢（京都府立大学 4 年）

「深層の好みを得る」～自らのルーツを探る

幼少期、机に向かい小さな円の羅列を描き続けていた私を見て、母が美術教室に通わせてくれた。色彩の組み合わせを用いた図画を描くことが好きだった。デザインという言葉はもちろん知らない。ただ単純に描いたひとつの円が連なる関係性の中にある世界に興味を惹かれた。小学生になると新聞に挟まれた住宅販売用のチラシに掲載される間取り図が機能空間の組み合わせのように見え、用途性に乏しい廊下やホールと部屋の関係性を連想することが大好きになっていった。部屋にはそれぞれの家族の暮らしや団欒が想像できる。でもそこへ繋ぐアクセスの操作によって合理性やレンタブル比というよりも、回廊性や道程にワクワクし心を躍らせた。今日はどんな間取りが到着するのだろうかと子どもながらに毎朝配られる朝刊が待ち遠しく思えた。自宅玄関の頭上にある小さな吹き抜けを利用して 2 階の廊下からロープで継いだ橋を渡ってアプローチする「宙に浮く秘密基地」を密かに計画したが、引張材の張り巡らし方や吊り構造の力学が解けず、実現には至らなかった。もし重力への解放という宙に浮く基地ができていたなら、出口として 1 階玄関への滑り台があればいいのになぁ、と今でも時々思うことがある。

個人的な趣味嗜好でつくられる住宅ではなく、もう少し多くの人が関わる建築を知りたいと思いはじめた小学生の頃には、与えられた業務を遂行する実務者が中心の建築士と、地域性や社会の在り方を考える思想を持つ建築家の違いさえも分からず、自由に楽しい家を創ることができる素敵な仕事がこの世にはあるのかと知り、建築家になりたいと口にするようになった。また同時に地域にある美術館を巡るようにもなっていた。でも、現代アートの作品を観ていても、満足しない自分に気づく。美術鑑賞をして心を和ませるよりも、自らの手で描いたドローイングの世界感を知ることの方が面白い。つまり鑑賞するよりも作者そのものに成りたいと思った。美術館にはアート作品ひとつひとつよりも、それらがキュレーションされ置かれた配置や距離、その空間性にワクワクさせられて通い続けた。よく通っていると職員の方や学芸員、美術好きの方たちと顔見知りになっていく。館内を巡っていくうちに、ひとりのアーティストに出会うことができた。彼は、当時小学校高学年だった私にとって、これまでに出会ったことのない印象深い存在であった。風景画を見ながら、街の建物にある装飾や屋根が何故このような形をしているのかなど、些細な疑問にも 1 つ 1 つ理由があることを教えてくれた。建築展では、街に点在する電柱や側溝、舗装面や敷地の形状、地域性や自然など、建築の形態やヴォリュームを決定するには、コンテクストという繋がりの状況と理由が必要であることに気づかされていった。また、これがきっかけで、様々な面白い思考を持つ人たちにもっと出会いたい、この人たちが集まるような場所に自ら行かなければならないと意識するようになった。さらに本展をはじめとした、217 や建築学生ワークショップなど AAF の取り組みを通じて、知的好奇心を抱くようになり、現在の私に大きな影響を与えている。

奥本卓也

建築の商業化が求められる時代性に対し、空間の持つ力を信じたいと奥本は語る。素晴らしい建築は、理屈より先に直感的に高揚する。彼がつくり出す空間性を本展で共有して欲しい。また、私達に建築で楽しさを与えようとする彼の人柄を「ENHANCED architecture」から読み解きたい。

甲斐貴大

インテリア小物から家具、そして、インスタレーションや建築という、幅広くジャンルの垣根を越えて活動する甲斐。建築とは何かという１つの問いを抱き続けていると言う。代表作「MTRL Taipei」では、機能にとらわれない使い手が用途を更新し続ける空間を表現している。建築に留まらない甲斐ならではの視点で、本展では「mistletoe」によって私たちにどのような新しい視座を与えてくれるのだろうか。本作は建築を問い続ける彼の解答としての表明である。

Aleksandra Kovaleva＋佐藤敬

彼らは、「ヴェネチア・ビエンナーレ ロシア館の改修」を通して、「なおす」という観点を得た。全ての新しく生まれる建築さえも、環境や風景を「なおす」という視点から、人と環境の関係性を生む。建築の持つべき精神、そして、100 年後にも存在し続けるための再考の表現が、彼らの展示から感じとれるだろう。

佐々木慧

佐々木はその場でなければ感じ取れない体験を重要視している。設計だけでなく企画や用途までクライアントサイドに立つことで、商業のための建築でなく、地域に付与することで自然と経済につながり、より全体が一体的に寛容さを帯びる。建築以外の視点から建築に立ち返る『非建築』という彼の表現を本展の展示から受け取りたい。

西倉美祝

シェアオフィスのテーブルとして設計された出展作。別の意図を持った人々がそれぞれの行為を存分に発揮した上で自然に共存する、メスキータの示す三者の調和こそが建築の在り方としての彼の目標である。彼の目指す自然的な共存の実現であるといえる本作品が、本展を通じてまた想像を超える新しい偶然を生み出すのではないだろうか。これこそが西倉の示す新たな公共性である。

森恵吾＋張婕

メンドリジオ建築アカデミーで出会い、活動拠点を上海に置く森と張。建築は全体像でなく、部分的な体験が出来る奥行きを持つべきだと作品に取り組む姿勢。そして、新しいものに固執せず、古き歴史から学びを得て個性のある新しさを生み出そうとする彼らの挑戦から目が離せない。本作品を通じて、彼らが伝えたい建築の意図を感じることになるだろう。

山田健太朗

一つ一つの機能が担保されつつ、ある面では別の機能も果たす。一つの用途に絞られない建築が目指される時代において、合理性を保ち調和する状態を表現する「積層の野性／野性の積層」。それぞれの素材や仕組みを組み合わせるのではなく、積むという発想を持つ。社会性が求められる中でも、自分の興味を吐き出すような表現がしたいと語る山田の展示に期待したい。

あとがき

美術館が遊び場だった頃、母に連れられ金沢の 21 世紀美術館に訪れた。そこで自分が求めていた抽象化された空間がそこにあったことに驚かされた。展示された作品の距離、配置と光の入り方に、今でも頭に鮮明に焼き付いているほど衝撃を受けた。これが求めていた空間。再開発の拠点となり街を活性化する役割も担う、バツグンの存在感に魅了された。さらにこの後、ありがたい気持ち、祈りたくなる精神があふれ出す体験が訪れる。これが建設でなく、建築であるのだと、ズドンと知らされたのが、宮島・厳島神社である。宮島口から島へ渡ると空気が違う、そう感じた。宗教の種類や信仰心に関わらず、ここには、神様がいる。そう思わせる空気感があった。近年、私たち人類にとって最も大切な自然と文化が存在し、内も外もなく、海と陸の領域さえも曖昧に存在する水上社殿。歴史教科書にあるような環境が今も地域地産の素材で修繕・造営を繰り返し人の手に継いできた証を物で示されていることに深く魅了された。建築をつくるために森を育て、人にそのありがたさを享受しながらまた自然環境を育むという、伊勢や出雲の式年遷宮を含め、自然に寄り添いながら物を残さず人へ継ぐ、我が国独自の最も素晴らしい生産システムだろう。だが近代、人類は経済性を求めた効率化が進み、いわゆる機能主義の時代に突入した。時間や労働に支配される人々が生まれ、産業はイノベーションという言葉を美名に、AI や IOT をはじめとした数々の技術が進歩する。その

結果、現代の人々は、自らの「思考力」を培う機会が徐々に減少していると呟かれ、移動の制限によるコミュニケーション不足に陥ったエラーが多発する。分からないことがあればGoogle検索し、一つ目の検索結果を読み、表面的な情報を見る。知るのではなく見るだけで覚えようとも理解しようともしない。そんな大人たちの姿勢を見てミレニアム前後に生まれた私たちは、経験に基づかないまま知識を得る方法が正当なやり方だと教えられて育った。でも二十歳を過ぎ、この方法は果たして本当に正しかったのだろうかと疑念を抱く。経験から得た知識とそこから生まれる感性、その原動力となる意欲の重要性について考えてみたいと、出展者たちの取り組みを通じて感じている。その者の個性を尊重して背中を押し、意欲を与えてくれる大人・先輩たちに出会う機会があると期待が大きく膨らんでいる。口を出すだけで責任をとらない大人なんて私たちには必要ない。失敗した責任の取り方を理解し、覚悟をもった大人に、口出しせずに見守られる貴重な場が、この建築家界には存在する。「一緒に学ぼう」とする姿勢や、「一緒に楽しもう」とする本気の情熱を持つ先輩たちに出会うことで、後進の私たちの発想はより豊かになり、新しい価値基準との融合を見出すのだろう。私は未来において、人々を豊かにさせ、もっと自由な領域が広がる、文脈のあるあらたな価値を生み出したいと誓った。

杉田美咲（畿央大学３年）

「深層の好みを得る」～自らのルーツを探る

自分で撮影した動画をネット上に投稿し、それを見た企業からの依頼が舞い込むような、オンライン上で共有するプラットフォームの視聴率（再生回数）が備えられた仕組みの中で仕事をすることや、国や地域を超え、文化も違う者同士で助け合うといった、その場で何をするのか、できるのかを個人に問われる時代が到来している。自分がつくるスタイルを模索し、自分に合う自然・人工環境において、個人差という経験値の違った個性を表現する、人間本来の多様性に気づきはじめた社会で、マイノリティの取り組みに向き合う姿勢を持つことも許容されはじめている。サイレント・マジョリティ国家と称されたわが国においても、オリンピックを契機に、男女差別の問題から性的マイノリティを示すトランスジェンダーにも制度の緩和が示されはじめ、表向きには性別を問われる時代でもない。現在、日本だけでも職業の数は 1 万 7 千種を超えていると云われ、昨今のコロナ禍の影響もあり、今後、5 年程で 3 万種に達するとも囁かれている。これまでの組織に従事することに対する信頼や安心感、上長への服従制度や正規社員などへの終身雇用制も揺らぎ、効率化を目指すための縦割り担当制度であった部位的な業務よりも、ひとりの人間がどれだけ広い範囲の取り組みを許容できるかを問われてきているようだ。つまりは人間がもつ本質、人間力を問われる時代の到来であるだろう。

私たちは、過去と未来という時間軸の中で現代に生き、日々新しい物事に触れ人と出会い、これまで取り組んだ経験という小さな歴史と、10 年後や 20 年後の近未来の夢を語り、先輩たちの背中を見て研鑽を積む。時には自分の姿を重ね合わせて想像し、これからの人生に誇りのような楽しみと期待、また疑問や不安を持って生きているのが現状だろう。大きく変遷をたどる時代の暮らしの中に身近に当たり前の様に存在する「建築」は、長い歴史と共に、その時代を生きた人類の証のような、生活文化を映す鏡のように存在するといっても過言ではない。これからの近未来を予測する上でも、過去の生活をリアルな歴史教科書のように知ることは、未来観測の目安となる。これを知り、そしてこれを創り、これからの暮らしの先、「未来」を創造する仕事が「建築家」という職能であることを知った。建築家は、その土地の気候や風土、歴史などから自身の生まれ持った感性や培った経験、創造するという批評性を空間形態で表現し、今起こる社会問題の回答を提示し、私たちに日常と非日常の豊かさを与えてくれる。「日常」と「非日常」との差は、受け止める人の経験値や頻度により差をもたらすのだが、ここで私は「日常を今と捉え、非日常を過去や未来と捉えること」としてみたい。日本の建築も今（日常）尚、愛され現存する建築が数多くあり、そこに訪れることで天井の低さからその時代の日本人の暮らしの雰囲気を感じ、またある二畳程の小さな茶室では千利休がいたその時代の建物の雰囲気を感じさせるなど、ふと感じた時にはその時代にタイムスリップしたかの様に、非日常を感じさせてくれる。しかし、この時代を超え数々の建築を手がけた建築家たちは、どこまでの未来を

想像して建築と向き合っていたのだろうか。だからこそ、今でも未来を捉えていた建築は残り続け、その建築からは何かもっと先の私たちの暮らし（非日常）に伝えようとした、まだ見つけられていないヒントの様な空間が隠されているような気がする。出展者たちもまた、ひとりひとり違った個性を示す日常の中、どのような非日常を体験してきたのだろう。本年の出展者からは、その体験を、建築という批評性を空間形態にしていく中で、自分たちより上の世代の建築家が残した非日常が、今も残るその意味を改めて解き、目の前の未来だけではなく、いやもっと誰も想像できないような数世紀先の未来へ継ぐ、新たな非日常を創造する意欲を感じさせられた。

奥本卓也

「ENHANCED architecture」（強化された建築）と名付けた作品。これまで経験してきたことをこの作品が語っている様に感じる。それは独立前の経験からランドスケープのことかもしれない。だとするならば、これからの想像を掻き立てる展示にしてもらいたい。会場全体が奥本ワールドになるくらい、他の出展者の作品までをも彩ってもらいたい。

甲斐貴大

「自分は自分らしく」そんな言葉が明日の自分に自信や可能性を与える。甲斐は学生時代に素材が素材であること、「それのそれらしさ」について考えた。素材の１つひとつに真剣に向き合うことで、そこから生まれる作品からはその人のその人らしさ、すなわち性格や想いが伝わり、作品が話しかけてくるように感じる。語りかける作品の力で訪れる人に「それのそれらしさ」を存分に感じさせて欲しい。

Aleksandra Kovaleva＋佐藤敬

KASA 設立 2 年目にして、今から 100 年以上前に建てられたヴェネチア・ビエンナーレのロシア館の改修を任された。日本で生まれ育った佐藤の経験や知識が、どこに・どの様に Kovaleva の経験や知識とこの建築に取り込まれ、新たな建築へと変化したのか。異なる地で得た経験や知識が混ざり合った時、そこにはどんな未来の可能性を作品に触れる人に見せてくれるのか期待している。

佐々木慧

佐々木は地域の歴史や街並みのその場の魅力を最大限に活かした建築を計画した作品を発表したり、設計が始まる前にクライアント側に立ち、そこから総合的に計画の仕組みなどをつくる建築と人との向き合い方を提示している。是非この幅広い年齢層が来場される U-35 で、その来客側に一度立って新しい計画の仕組みを構築し、この会場の魅力を最大限に活かして欲しい。

西倉美祝

それぞれ個性的で色とりどりな 29 個の家具が偶然集まってできる「偶然の船」。それがまた用途によって偶然分解する「壊れた偶然の船」。偶然のできごとが 2 種類の内容を持つ船になる。偶然は奇跡とも言える素晴らしいこと。何かが集まってまたそれが個々に戻っても姿は変わらない、そんな偶然的な出来事が、展覧会会場でも起きて欲しいと思う。

森恵吾＋張婕

上海や東京を拠点にする二人には、この展覧会では是非、経験と言う宝物を、世界を視野に入れた過去から特に未来への時間軸上で語り合って、建築の力に期待が溢れる人たちに未来へのバトンを渡して欲しい。「中国三千年の歴史」。そんな言葉が存在する様に二人の展示作品から、これからの「建築三千年の歴史」を語る勢いで、この展覧会に旋風を巻き起こしてもらえることを楽しみにしている。

山田健太朗

コンクリートブロックや木、鉄骨を積層して建築していることが他の出展者にない魅力的な部分である。一つの遊具の様でもある。建築は全ての人が身近に触れる物であるからこそ、設計者も教えてもらう立場になる。その表裏一体の関係性も建築の面白い社会での立ち位置である。この会場に子どもが来た時にどう感じるか、子どもが設計者になる瞬間も見てみたい。

あとがき

建築家・坂倉準三は人の人生を、「長い歴史の大リレー競技」と捉えていたそうだ。次の走者にバトンを渡さなければならないと考え、人の生涯の宿命と過去に囚われず未来を創造していることを示されている。また「バトン」と言う表現が多く残されているのだが、建築の歴史を後世に伝えていってほしいという思いが読み取れ、建築が受け継がれてきた歴史を連想させ、未来を視野に入れた建築と向き合っていた、彼の姿が感じ取れる。移りゆく時代と共に「自らが設計した建築が残り続けることは正しいことなのか」と一度は考えたことがあるだろう。これは建築だけに限ることではないが、あえて建築で唱えると、建物を残すことの物理的な負担を制限させているかもしれない。なぜ、人は過去の物事を残すのか。これはここまで述べた事柄とは少し矛盾してしまうが、未来に目を向けるならば、過去の建築をいっそなくしてしまえばよいのではないかとふとどこかで思ってしまう迷いもある。多くの建築家は非日常の中に存在する過去に囚われることより、日常（今）と非日常（未来）の中で建築を捉え日々建築と向き合っているように感じるからだ。それは、「未来を語り、その観測の楽しさを全身で感じてほしい」ということを本展に携わり強く思うようになれたからだ。でも大人たちの多くは、建築の話をすると、よく知られている建築家の作品の例ばかりで過去を話して、未来を想定した話は語らない。そして今の建築界が求める未来を語ることはない。過去につくられた建築を、自分自身が創造する建築の過程に学び、今という時間に合う建築を創造することもまた、未来の建築であることに違いない。いわゆる映画の様だが、もし 1 世紀後の植物や動物の在り方が地球にとってもっと大切になり、人間と均質に寄り添う関係になったなら、私たちの日常生活はもっと可能性に満ちた暮らしになるのだろう。建築から考えるからこそ面白く、実際、そういう時代が来た時の街づくりの構想となると思うと、建築が楽しくて仕方ない。

未来とは、決して与えられるものではなく、私たちがつくるものである。それは現在の暮らしや生活に所以するものが多く、ここから溢れ出し築かれるものであると信じている。人もそうであるが建築もそうであってほしい。

森本将裕（京都建築大学校 4 年）

法則

18 世紀半ば、イギリスの産業革命やフランス革命、そしてアメリカ独立革命等の市民革命の勃興期に活躍した、アメリカ合衆国建国の父の一人として讃えられるベンジャミン・フランクリンの言葉に、「死と税金の他には、確実なものはない」というものがある。「法則」がここにある。これは「実装する世の中では、これぞ絶対確実ということはない、何事も疑って備えろ」ということなのだ。私たちは現代に生きるその道の専門者や有識者が太鼓判を押したからと、これまでの事例を理由に不都合が連続しても、また起こると言われた事例が起こらなかったとしても、確実だと思い込む。それが現在の資本主義という体制だろう。確実なことは無いとし、いろんなケーススタディを繰り返して未来への創造を繰り返し、予知・検討＝予習を繰り返していくことこそが、「この体制時代に最も大切な態度」であるとフランクリンは明言している。私は大学の入学に合わせ地元・福岡を離れ、大阪という土地で生活をスタートさせた環境に大きな変化があった時期に、先の見えない情勢が続くことになった。報道から情報を得て、戸惑いつつ自粛要請に応じたが、これだけでは必ずしも万全ではなかった。あくまでも集団への要請であり、一人一人に応じた個人識別はなされていない。もちろん定点的な感染拡大の予防にはつながるのだが、全ての人がこれに応じなければ、期間のみの要請だけで確定的に減少するものではない。でもこれに応じたことで学び始めから建築に向き合う時間を得た。また何よりも AAF という建築界の基軸のようなノンプロフィットの活動を通じて、このような書籍に記録を残す機会を得たことは大きい。悪いことばかりではない。

私は福岡の東部にある 200ha の人工島、つまり海の上で育った。政令指定都市として登録されて以降、急速な人口増加が続く福岡市は、東部地域の宅地不足と国内有数のコンテナ貨物を取り扱う博多港の容積拡大という 2 つの側面から 1990 年代から造成が始まった。「まちびらき」が行われた 2005 年から今日まで開発が続けられている工事中の街でもある。計画的に配置された道路や建物が並び、緑豊かな街というコンセプトから多くの緑地帯が整備された街ではあるが、ラムサール条約登録候補であった干潟を埋め立てたことや、バブル期に莫大な予算をかけて造成したことによって、過剰投資の回収を優先しようと、再度、経済ボリュームで区画が細分化され、いわゆる無味乾燥した住宅街、大型商業施設を実装してきた側面がある。この街で手つかずの何もない平坦な空き地から植物が成長していく様子と上空に伸びる建築を見て、建築を学ぶ身の態度としてフランクリンの言葉を思い返した。現代建築において、育んだ環境というものが大きな影響となっていることや、設計のテーマであるということは確かである。しかし近現代体制の思想がもたらした、建築の差別化や内と外の明確な乖離は、結果として建築と自然の対立を生み出し、さらに自然を人工的にコントロールする方向に進み、都市部においては、ヒートアイランド現象といった環境問題を引き起こした。人間が快適に活動できる環境を追求することは必要なことではあるが、これからは内と外との関係を同時に考えていく必要があると感じている。本展の作品展示やシンポジウムでの議論を通じて、出展者がそれぞれの場所性に根づく環境とどのように向き合っているのか、学びたい。

奥本卓也

CLT といった建材の利用幅を拡張する技術的なアプローチや、都市木造に関連するシステムなど、現実的な課題に対し実直な提案を行うのに加え、そこに空間的な豊かさや面白さを落とし込んでいくプロジェクトであると感じた。出展作「ENHANCED architecture」ではどのような課題に取り組み、空間を提案しているのか注目したい。

甲斐貴大

藝大在学時に設計された「as it is」というインスタレーション作品は、樹種の違いによって構造的課題を解決し、線材で構成された地面を這うような形態を作り出している。家具やその他のプロジェクトにおいても、建築的にアプローチされたモノの力強さや面白さが感じられる。今回出展するインスタレーション作品「mistletoe」では、その形態が訪れる人に対しどのような新しい視点を与えるのか、モノの力を発見したい。

Aleksandra Kovaleva＋佐藤敬

「ヴェネチア・ビエンナーレ ロシア館の改修」は 1914 年に開館したアレクセイ・シューセフによる設計の当時の姿を尊重しながら、現代の環境や用途に則した形に修復・改修されたプロジェクトである。着脱式の床や吹き抜け空間を構築することで展示空間に自由さがもたらされ、外壁の色や開口部、動線を変えたことで周辺環境と調和し、開かれた空間となっている。修復という形で変化させ、建築のもつ力を引き出し、人や環境に則した空間を創り出す在り方は、スクラップアンドビルドではない建築を目指す今日の情勢に対応し、また人に寄り添える建築の姿であると感じた。

佐々木慧

「別府のオフィス」やリノベーションされたカフェのプロジェクトでは、壁や開口部の配置によって奥行きを持たせ、引き込まれるような印象を受けた。また「下関の複合施設」は中央の建物を取り囲むように塀から建築へと連続的に推移していく細長いボリュームが特徴的なプロジェクトである。塀という内と外を分けるものがどのように建築としてふるまうのか、体感してみたい。

西倉美祝

「偶然の船 / 壊れた偶然の船」は船の形を模した 29 個の家具の集合体である。渋谷のシェアオフィスのために作られたこの巨大な家具は、使用者によって分割、グループ化され、場所や使われ方が変容し続ける。人のふるまいを継続的にリサーチ、分析していくことで生まれる空間や、変化を容認し、多様なモノが同居する自由な在り方は、建築の公共性という課題への積極的なアプローチである。異なる建築家がシップホールという 1 つの場所に同居して行われるこの展覧会で、面白い空間体験が生まれる可能性を感じた。

森恵吾＋張婕

上海に活動拠点の中心を置いている ATELIER MOZH のプロジェクトは、比較的図形的な形を組み合わせた単調な造形であるが、その中にモノの素材感や部材の納まりなど、パースからも感じられるほどの繊細さが見て取れる魅力的な空間体験がある。中国という目まぐるしいスピードで成長する環境の中で、どのように人の感覚的な部分にまで落とし込むような細やかなデザインを生み出しているのか、彼らの展示を通して体感したい。

山田健太朗

「積層の野性／野性の積層」は、コンクリートブロックや鉄骨、木材、ガラスといった異なる素材が複雑に積み重なることで構築され、部材同士の組み合わせの面白さや、造形の力強さが感じられるプロジェクトである。壁のようなボリュームではなく、連続的な内外の関係性を持つこの建築が人にどのようなふるまいをもたらすのか、そしてこの圧倒的な力強さを本展でどのように表現されるのか注目したい。

あとがき

展示された模型や図面からその解釈（解決策）を知りたいと建築展に出かける。ところが実際に作品を目の当たりにすると、様々な解説や解釈が頭をよぎり、素直に感動することができない。図面にある庭の配置や構法による空間の伸びやかさ等、内と外〜環境という場所性に応じた空間の中の事象が何を意味しているのか知識として蘇ってしまうのだ。学問や建築において解説が必要であることは否定できない。しかし解説は、理解しようとする人の目や思考を、限定させてしまう。しかしまだまだ未熟な私たち学生が、全くの解説なしでその作品を知ることも難しい。朱子学を完成させたとされる朱熹は偶成において「少年老い易く、学成り難し」と残している。若者であるときの時間というのは一瞬のことであって、学問はなかなか完成するものではないという意味であるが、これを英語では、"Art is long and life is short." と訳されるそうだ。本当の意味での建築家のデビューは 50 歳からと言われるように、建築という学問を知るには、学生の身や U-35 という世代でも、きっとまだまだ難しいのである。人生 100 年といわれる時代であっても建築家にとってはあまりにも足りなくて、エネルギーを保ったまま長生きされるのだろう。その足りない部分を、自らの発想でその領域を創り出すことが許されていく点で、この職業の素晴らしさというものを同時に感じている。しかし自分の目で納得するまで見るということは、言うほどに易しくない。やはりトコトン確実性を疑い、創造性を働かせることを忘れてはならない。

吉田雅大（近畿大学３年）

in addition　|木村一義（きむら かずよし）

都市（まち）に森をつくろう

2021年10月1日、略称「都市の木造化推進法」が施行され、木造建築において歴史的な日になった。私は30年前から、都市（まち）に森をつくろう、都市の木造化を推進しようと、全国各地でセミナーを主催し普及活動を行ってきた。当初、興味を持つ人はいても実現可能だと思う人はほとんどいなかった。木は燃えるからだ。弊社は1999年に木質耐火部材の開発に着手、試行錯誤を繰り返し、2014年に柱・梁の2時間耐火、2017年に3時間耐火の国土交通大臣認定を日本で初めて取得した。なんとしても木造ビルが建ち並ぶ「木造都市」を実現したい強い思いがあった。

木造3時間耐火の大臣認定を取得したことにより、都市部でコンクリートや鉄骨と同じように、高さ、面積、階数、用途に制限なく木造のビルを建築できるようになった。日本では戦後、建築基準法により都市に木造で建築することが制限され、コンクリートと鉄骨造に限られてきたが、木造が加わり、建築家の皆さんにとって選択肢が増え、魅力的な都市づくりへの展望が大きく広がった。

日本の国土の約70%は森林であり、戦後荒廃した山に植林を続け、2017年の林野庁調査では52億㎥の森林が蓄積されている。毎年木が成長するので、1年に1億㎥ずつ増えている。国内の木材消費量は年間8千㎥で、植林を計画的に継続すれば、国内だけで木材資源が循環するようになった。これは諸外国を見ても日本以外にはなく、今や日本は森林資源大国なのである。国土面積の約70%の森林が我々の排出したCO_2を吸収し続けており、都市の木造化は街に炭素を大量に貯蔵すると共に、森林資源の活用・循環を促して脱炭素社会実現の決め手となる。

日本は古来、木の文化の国であり、世界で最も木造の建物を建築してきた。当然、木の性質、扱い方、加工方法に精通し、大工職人の技術、そして使用する道具は世界最高レベルで世界に誇れるものである（職人の道具を見れば技術レベルが分かる）。日本は木造建築において外国に比べ圧倒的なポテンシャルを持っている。このようなバックグラウンドを持った日本において、耐火木造技術が開発され、木造の最大の弱点“燃える”ことを解決した。建築業界におけるブレークスルーが起こったのだ。夢物語と思われていた「木造都市」が実現し始めたタイミングで、「都市の木造化推進法」が施行され、木造都市づくりと、それに伴う国産材活用の機運が今までになく高まっている。

ヨーロッパでは建物からのCO2排出量が全体の排出量の約50%にも上ると言われている。その原因はコンクリートと鉄である。建物を建てる際だけでなく、コンクリートと鉄をつくる段階で大量のCO2を排出するからだ。木は、CO2を吸収して固定しながら成長し成木になる。成長が止まり、吸収が緩慢になったときが伐採期となり、建築資材として使われる。大量の木材を使用する木造ビルに大量のCO2が固定される。さらに木は断熱・調湿性能が極めて高いため、当社が関わった大規模木造建築の冷暖房費が、鉄筋コンクリート造に比べ１／３程度であるとの実測値がある。気候変動が激烈化する中で、都市に木造ビルをつくる意義は大きく、木造都市づくりは都市に森をつくることと同じ効果があると言える。

今後、日本の都市の姿は大きく変わっていくだろう。すでに変わり始めている。世界のどこにもない、人と環境に優しい木造都市が実現するのはそう遠い未来ではない。これから日本は木構造において世界をリードし、未来の都市のモデルを示すようになる。それが国際社会における日本のプレゼンスを高め、日本人が失った自信と希望と誇りを取り戻すきっかけになればと願っている。

何事も、思うことから始まる。切にそう思わなければそうならない。私は今まで数多くの、世界的に活躍している建築家にお会いしてきた。彼らには共通することがあると気がついた。それは常に世界No.1の建築をつくりたいという強烈な思い、ガッツ、情熱であり、執念である。だから若手建築家の皆さん、これから建築家を目指す皆さんには、高い志を持って建築を続け、デザインでは誰にも負けないというガッツと情熱を持っていただきたい。私は建築家ではないが、木造都市という大きな志を立て、叩かれても諦めず、情熱と執念でここまでやってきた。私の思いはこれからも変わらない。

都市（まち）に森をつくろう！木造都市をつくろう！将来の日本と世界のために！

株式会社シェルター　代表取締役会長　木村一義

In addition ｜ 木村均 （きむら ひとし）

意志ある仕事、建築、人生を

U-35 の図録が発刊される直前の 5 月に、還暦を迎えました。私にとって節目の年に寄稿できることに、不思議な縁を感じます。人生を少し振り返る形で、建築家を目指す若者へのメッセージを記します。

昭和の時代の小学校は、一学年 10 クラス以上というマンモス校が珍しくありませんでした。父がいわゆる転勤族であった為、小学校を 3 回、更に中学校を 1 回と転校を繰り返しました。この頃に私のアイデンティティーが確立されたと思っています。環境の変化に応じ自分自身も変わらざるを得なく、過去よりも今と未来を見つめる習慣が身に付いた時期でした。大学を卒業し、当社ケイミューの前身である久保田鉄工（現：クボタ）に入社しトラクターを売るつもりでしたが、これも何かの縁でしょうか、住宅建材事業部に配属され、屋根材（カラーベスト）や外壁材（窯業サイディング）を通じ建築業界に身を置くことになりました。昭和の末期は、プラザ合意による円高ショックで世の中には暗雲が立ち込めたものの、いつしかバブルが始まり、一転して華やかな時代に突入しました。まだ一兵卒であった私には、その恩恵にはほど遠いものの、よく働き、よく遊び、そしてよく飲みました。頑健な身体に生んでくれた両親には今でも感謝をしています。建築業界には興味もなかったはずが、仕事を重ねていくと、日本の街や風景が見えてくるようになりました。日本はもっと美しい国だったのではないか、日本の建築はもっと美しかったのではないのか、バブル前後の住宅の大供給時代に何かを失ったのではないかと。建築や建材はもっと社会の役に立てるはずだと、沸々と想いが湧きたったのもこの頃です。

平成 15 年 12 月、まさに厄年とはよく言ったもので、クボタと松下電工（現：パナソニック）の外装部門が統合しクボタ松下電工外装（現：ケイミュー）が発足しました。大きな環境の変化であり人生の転機でした。当時の上司や同僚・後輩たちは、会社統合という初めての経験に怯え、新しい環境やメンバーへの不安で一杯・・・と顔に書いていました。小学生の転校に比べれば、会社の統合や環境の変化など、たいしたことはありません。この頃にある言葉に出会いました。「意志あるところに道は開ける」第16代アメリカ大統領A・リンカーンの言葉です。未来を見れば希望しか無く、両社のポテンシャルをもってすれば、建材業界や建築業界でもっと大きなビジネスが出来る、意志さえあれば前に進めるとワクワクしたものです。それ以来この言葉を座右の銘として、ひたむきに歩いてきました。

ケイミュー発足後 15 年を過ぎた平成 30 年 4 月に社長に就きました。さすがに社長になると約 2,000 名の従業員や 1,200 億円の売上とそのお客様、あらゆるステークスホルダーへの責任の重さを痛感する毎日です。企業は何の為に存在するのか、人は何をする為に生まれ何の為に生きるか、そして社長として何を為すべきなのか、そんなことを毎日のように自身に問い続けました。企業とは社会の公器であり、仕事を通じて社員一人一人が成長し、社会の役に立っていることを毎日実感でき、そしてお客様や社会に認めていただける、これを為すことが私の社長としての使命であり責任です。社内の仲間だけでなく、社外の仲間やお客様がつながれば、大きなアウトプットが得られ、もっと社会に貢献できる、日本の建築や風景をもっと美しくできる、ひたすらにそう信じています。

私は昭和から平成、令和と目まぐるしく変わる社会を生きてきました。しかし、これからの社会はもっと変化します。加速度的に進む国際化、人類がこれから地球で生き残る為の温暖化対策、飽きることなく世界で繰り広げられる覇権国争いや地域紛争、そしていまだに安心できない新型コロナウィルスなど、令和の時代はグローバルで、かつ複雑な社会問題を抱えています。その中で生き抜くこと、社会を変えるパワーを持つこと、これを実現するに必要なものは、皆さんが持つ若さというエネルギーです。そして素晴らしい仲間というエンジンと一緒に走ることです。決して皆さんは一人ではない。U-35 の場を提供し、支えてくれる厳しくも優しい先輩建築家の皆様、応援させていただく企業、建築という作品を通じて皆の力を合わせれば、社会や環境の変化など何も恐れることはありません。そう、若者には世界を変える力とその意志があるのだから。

ケイミュー株式会社　代表取締役社長　木村均

In addition ｜ 西岡利明 （にしおか としあき）

水の惑星

毎年 U-35 に参加するたびに新しい発見があり、昨日までとは違った感覚で建造物を眺める事ができます。いつもインスパイアを与えてくれる若手建築家の方々、及び評価•取りまとめていただく一世代上の建築家・建築史家の皆様には、自身の 30 歳代 40 歳代と比べ頭が下がる思いです。私も人生を重ね今年 7 月には 64 歳を迎えます。最近私が考えているのは、自然との共生が叫ばれる今、再度水の惑星と呼ばれるこの母なる大地、地球を感じるということです。

この星には、奇跡としておよそ 14 億㎦弱の水の存在があります。諸説ありますが、およそ 46 億年前と言われている地球誕生から、スノーライン外の惑星からもたらされた水、或いは宇宙空間に存在していた有機物が熱せられて生成された水が、その起源の様ですが未だ定かではありません。何にしてもこの水の誕生、現在地表の約 70%を覆っているという事実が奇跡と言われ、生命誕生の源に繋がっています。初期に水の大循環が起こり、その循環の中で有機化合物を取り込み、今の海洋を形成し、その後生命の誕生が始まりました。その生命が人類の進化に繋がっていきました。今も人の身体の中の体液或いは女性の胎内の羊水は、電解質（イオン）を含み、太古の海水に成分が似ていると云われる由縁でもあります。

それらの事も含め、進化の過程を経て現在に繋がっていくのですが、18 世紀半ばの産業革命から飛躍的な発展をした人類が今、地球が何億年もかけて循環を繰り返してきたサイクルに負荷を与え始めています。

より安全でより快適な社会を目指し、新しい発見・新しい技術を用い今の素晴らしい生活を築きあげてきました。そしてその安全で快適な生活を謳歌していく為にも、我々建築に関わる者達は、今まで以上に環境負荷を考慮して行かねばなりません。今まさにコロナ禍の経験を積み、今までの生活活動に変化が現れてきています。

生活の在り方•仕事の仕方等、コロナ前には考えられなかった新常識が出てきています。コロナ終焉後も以前に戻るのでは無く、新しい社会に進化していくものと思われます。その進化に合わせ、環境共生機能を持った建造物が、人類が今まで以上に繁栄する為に必要になるでしょう。進化の過程に添い地球サイクルを考慮した建造物を提案すること、きっとこれがこれからの建築家に必要な能力の様な気がします。

水や空気のサイクルを中心とした建造物。後世の幸せを考慮した建造物。百年後の人類がコロナ禍後に称賛を与えてくれる建造物。何か建築の歴史の変換期に差し掛かってきているようでワクワクしています。折りしも 2025 年には国際博覧会が大阪で開催されます。U-35 の運営者達も、この一大イベントに深く関わられています。私も大阪に本拠地を置く者として、最大限の協力をしていこうと思っていますし、そのイベントで提案されるであろう素晴らしいアイデア・システム・製品を今から心待ちにしています。

テーマは『いのち輝く未来社会のデザイン』。いのちを起点として、新たな未来を共創する挑戦の始まりです。ひとり一人が素晴らしい未来を想像し、努力を重ねていくことできっと人類は素晴らしい社会を築くことができるものと信じてやみません。その進化の始まりを想像させるような作品が、今年度も提案される事を今から楽しみにしています。きっとキラ星の様な作品群が提案されるでしょうし、いのち輝く未来を支えられる作品群になるものと期待しています。

最後に、老体にこの様な活力を与えてくれる U35 運営者様達に感謝を申し上げ筆を下ろします。誠にありがとうございます。

SANEI 株式会社　代表取締役社長　西岡利明

増井健太郎（ますい けんたろう）

建築を通して広がる世界

会社に入ってから長く、ビルに関わる仕事をしてきました。ビルに入居する方々がいかに快適に、安全に過ごせるかを考える立場で、オフィステナントさんの営業窓口を担当する他、新築ビルの開業準備や集積が進む商業施設の運営管理を経験しました。社内のチームだけでなく、運営管理スタッフや入居工事・修繕を担当する技術チームと一緒になって、日々新しい価値を創り出すことに取り組んでいました。35歳前後は、東京から仙台に異動して、また東京に戻ってきた頃で、東京・丸の内が大きく変わり始めた時期でした。次から次へと超高層ビルが竣工し、街全体が大きく変わるタイミングにあわせて、ハード的な機能性・利便性に加えて、生活の“場”としての心地よさを探求し、街の魅力を創り出すことへ仕事の領域が広がっていきました。

2020年10月からグランフロント大阪ＴＭＯで勤務することになり、ここでも街のファンを増やす役割を担当しています。大阪駅に直結する立地抜群のうめきた広場、SHIPホールでのイベントや水景のまわりに配したアート作品で、街を訪れる皆さんがくつろいだり、楽しんで頂けるように様々な仕掛けを考えています。仕掛けの中には、外部の方が主催されるイベント等への協力もありますが、U-35とのご縁はまさにこのひとつでした。

私にとって2回目となった2021年のU-35は、若きエネルギーを昨年に増して感じる、印象深いものとなりました。壇上の若手建築家と一世代上の建築家たちの議論が刺激に溢れているのは勿論ですが、客席の雰囲気も独特でした。試験直前の講義かと見紛うばかりに耳を傾けメモを取る、次の世代となる若者たちの熱を帯びた真剣さに圧倒されました。さして遠くない日に、ステージ上でプレゼンする自分をイメージしているであろう信念と情熱が伝わってきます。「答えはない。若さはある。」とは、まさにこれかと納得する瞬間でした。明快で強烈な理想像として存在する一世代上（客席の若者からすると二世代上でしょうか）の建築家たちが12年かけて創り出した世界こそが、この熱気を生み出していると実感できる空間でした。関連して聴かせて頂いた217も私にとっては驚きや発見に満ちており、毎回時間が足りなくなるのがよくわかります。217で繰り広げられる軽妙かつ絶妙な掛け合いの中から、巨匠建築家たちが発するメッセージとその存在が、U-35同様に建築家を志す若者たちを鼓舞することは想像に難くありません。

大阪に来て、近代建築がもつ柔らかさに触れたり、建築家や建築史家の方から話を聞く中で益々建築に関心を持つようになりましたが、その間口と奥行きは想像以上でした。建物としての建築だけでなく、建築家の想いや行動についても知る機会が増えたのは貴重なことです。「こども本の森 中之島」のオープンに合わせて車道が歩行者空間化され、安全に憩える広場になったことや、読み聞かせで形成される子どもを中心としたコミュニティの話からは、建築の持つ力がわかります。そしてなにより巨匠建築家たちの次の世代を育む気持ちが強く伝わり、建築を志す若者のみならず広く子どもたちに手を差し伸べ、知の好奇心を育む想いがわかります。

建築を通して次の世代を育むことは、グランフロント大阪ＴＭＯの取り組みにも共通するものであり、街づくりを通して子どもたちの夢を育んでいくことはとても大切に考えています。
建築との関わり方は、35歳の頃と変わり、より視野が広がったものになっています。都市開発の要としても、街の文化としても大きな役割を果たし、生活を豊かにしてくれる存在と、視点を変えながら関わっていけるのはとてもありがたいことです。

2013年の開業以来、音楽やアート、そして建築の夢に向かって進む若者を応援してきたグランフロント大阪は、2023年に10周年を迎えます。もっと若さの裾野を広げ、建築やアートを語り合える場を生み出し、ここが多くの情熱の「原点」となれたら、街としてうれしい限りです。

一般社団法人グランフロント大阪TMO　事務局長　増井健太郎

答えはない。若さもない。それでも挑戦のチャンスはまだある。

私は、1965年8月に東京都新宿区で生まれた。つまり、35歳という年齢は西暦2000年とともにやってきたということになる。今U-35の若者たちには殆ど記憶はないかもしれないが、西暦2000年を迎えるときには「Y2K問題」などといって、コンピューターが全て狂うとか何とか、要は世界中が大騒ぎをしたときだ。その年に私は35歳になった。

「なんとなく格好いい」ような気がして18歳で建築を志し、私立大学の附属高校から一切の受験勉強をせずエスカレーター式で大学に入学したが、私が卒業をした1988年当時はまだ男女雇用機会均等法が施行されて1年しかたっておらず、バブル直前の好景気に沸いていたとはいえ女性が建築設計の仕事にありつくのは相当難儀だった。女性建築家のはしりでもある大学時代の恩師からは、「男女差別とか自分だけではどうにもならないことにぐずぐずと悩む時間があるくらいなら、男の倍働いて評価されなさい。建築界で女が働くということはそういうこと。並大抵のことではないという覚悟を持て」と常々擦り込まれていたので、まぁ想定の範囲内ではあった。

それでも私はどうしても「建築設計」を生業としたかった。

たいして優秀でもない学生の私に門戸を開いてくれる設計事務所はなかったが、なかば強引に就活を切り抜け、なんとか大手GCの設計部にもぐりこんだ。18歳の女子高生が「なんとなく格好いい」と思った（いや、誤解した）建築設計の世界は、「格好いい」とは正直無縁でトレンディドラマ（古っ）で描かれるようなキラキラ感は当然ない。折しもバブル景気で超繁忙の中、世間では「24時間戦えますか？」というCMで日本の企業戦士が讃えられていた時代。おかげで、何もわからない新入社員のころから一人でプロジェクトを担当させてもらい（先輩たちは皆多忙すぎて誰も相手にしてくれなかった、というだけなのだが）、連日の徹夜に耐えられる体力と精神力（特にストレス耐性）、そして大抵のことでは揺るがない技術力とハッタリをかますことのできる話術を、それこそ1日24時間仕事をして徹底的に身に着けた。

入社当時の上司から、「建築は経験工学。10年間は勉強」とこれまた今なら時代錯誤と言われそうなありがたいお言葉を頂戴したが、私は10年経っても自分自身が一人前になれたとは思えなかった。確かに、大抵のことには揺らがない自信はあった。けれども何かが違う。そんな思いを「勉強」が終わるはずの大学卒業10年後くらいから抱き始めていた。

答えを求めて、様々なことに挑戦をし始めた30代の半ば。世界が一変するかもしれないと世界中が不安と期待を抱いた西暦2000年を迎える、というそこはかとない不安定さが自分を駆り立てたのかもしれない。

結局私は30代を終える直前まで建築設計の仕事を続けた。何かが違う、という思いを抱きつつも、デザインをすることの魅力（いや魔力か？）からはなかなか逃れることができなかった。その後、プロジェクトマネジメントという仕事に出会ったことで私の新たな挑戦が始まった。根が昭和のサラリーマンなので、またもや24時間戦ってようやく形になってきたと思った2017年。今度は海外のプロジェクトでマネジメントを行うという更なる挑戦を、部下の熱意にほだされ何故か始めてしまった。それも軌道に乗り始めたのでそろそろ隠居したい、などと嘯いていたら、2022年1月28日より代表取締役社長という立場で仕事をすることになり、今度は経営という新たな挑戦をまたもや始めてしまった。

何かが違う、と感じていた私自身のU-35。あの時から求め続けている答えはまだない。残念ながら、もう若さもない。それでも挑戦するチャンスがまだ私にやってくる。答えを求めてチャレンジをし続けたからこそ。と今は信じている。

そして、今の挑戦に自分自身で区切りをつけることができた時には。もう一度「建築設計」に挑戦したいという野望を今はひそかに（公表しちゃったけど）抱いている。

株式会社山下ＰＭＣ　代表取締役社長・社長執行役員　丸山優子

2021年開催 展覧会の様子 (2021.10.15)

2021年出展者の皆様 (2021.10.15)

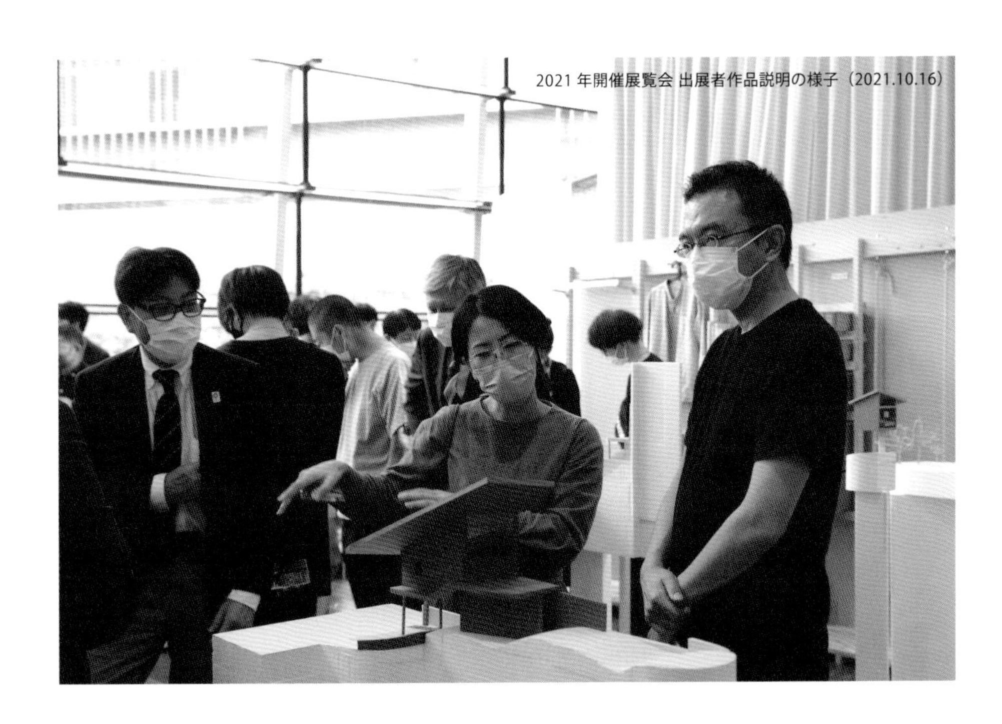

2021 年開催展覧会 出展者作品説明の様子（2021.10.16）

2021 年開催展覧会 出展者作品説明の様子（2021.10.16）

2021年開催 シンポジウムの様子 (2021.10.16)

U-35 2021 Gold Medal 賞：板坂留五

2021年開催 シンポジウム会場の様子 (2021.10.16)

【過去の出展者】

2010 年　大西麻貴　大室佑介　岡部修三　西山広志＋奥平桂子　藤田雄介　増田信吾＋大坪克亘　米澤隆

2011 年　大西麻貴　海法圭　加藤比呂史＋ヴィクトリア・ディーマー　金野千恵　瀬戸口洋哉ドミニク　増田信吾＋大坪克亘　米澤隆

2012 年　能作文徳＋能作淳平　久保秀朗　関野らん　小松一平　米澤隆　増田信吾＋大坪克亘　海法圭

2013 年　岩瀬諒子　植美雪　小松一平　杉山幸一郎　塚越智之

2014 年　長谷川欣則　細海拓也　植村遥　魚谷剛紀　伊藤友紀　高栄智史　山上弘＋岩田知洋

2015 年　植村遥　岡田翔太郎　金田泰裕　北村直也　佐藤研也　高濱史子

2016 年　川嶋洋平　小引寛也＋石川典貴　酒井亮憲　竹鼻良文　前嶋章太郎　松本光索

2017 年　齋藤隆太郎　酒井亮憲　千種成顕　野中あつみ＋三谷裕樹　前嶋章太郎　三井嶺　安田智紀

2018 年　京谷友也　高杉真由＋ヨハネス・ベリー　彌田徹＋辻琢磨＋橋本健史　冨永美保　中川エリカ
服部大祐＋スティーブン・シェンク　三井嶺

2019 年　秋吉浩気　伊東維　柿木佑介＋廣岡周平　佐藤研吾　高田一正＋八木祐理子　津川恵理　百枝優

2020 年　秋吉浩気　神谷勇机＋石川翔一　葛島隆之　山道拓人＋千葉元生＋西川日満里　松井さやか　山田紗子　和田徹

2021 年　板坂留五　榮家志保　鈴木岳彦　奈良祐希　西原将　畠山鉄生＋吉野太基　宮城島崇人

special interview｜吉村靖孝（よしむら やすたか）

インタビュア：平沼孝啓（ひらぬま こうき）

―― 2007 年頃から若手建築家の作品や考え方、活動を知る機会とされていた建築雑誌 SD や建築文化等の休刊が進み、2010 年リアルな発表と議論の場を設けようと開催をはじめた U-30 は、「出展者が数年後、審査を引き継ぎ、世代間で繋いでいくような建築家の登竜門的な発掘の取り組みにする」と、オーガナイザーを務める平沼孝啓が考察していたが、3 度目の開催を迎えた 2012 年のシンポジウムで「この建築の展覧会は、我らこの世代が生きていく限り、生きた時代と共に率いていく」と、藤本壮介が発言したことで審査を順に受け持ち今に至る。その翌年の 2013 年、本展 4 度目の開催から毎年、出展者と議論を交わすため欠かさず出展者をみつめた吉村靖孝は、展覧会やシンポジウムでの議論の場で放つ的確なクリティークから、本展のプログラムについて共に見直しを重ねる中心的な存在となっていった。二人とも 20 代の頃から海外へ出た経験があり、吉村をよく知る平沼は、「設計という実業を伴った建築家の視点で、建築を語ると誰も右に出る者はいない」と、2014 年の展覧会図録で、吉村の印象を話している。コンペ＆コンテストにも馴染みがある吉村が、2021 年の出展者選考を審査委員長として務め 12 回目のシンポジウムで GOLD MEDAL 授賞者の選定を終えた翌朝、あらためて本展を通じた建築展のあり方についてどのようなことを思い、どのような方向へ導くことを望んでいるのかを、平沼が聞き手となり対談方式で考察する。また後半には、前日のシンポジウムの審議で決定した GOLD MEDAL 受賞者を交えて「これまでの建築界」と「これからの建築界」について近年感じていることや、今回の U-35 の出展者をはじめとする建築を志す若い建築家に向けてのメッセージも収録する。

吉村靖孝（よしむら やすたか）建築家

1972 年 愛知生まれ。早稲田大学大学院修士課程修了後、MVRDV 勤務。05 年吉村靖孝建築設計事務所設立。現在、早稲田大学教授。吉岡賞、アジアデザイン賞金賞など国内外で多くの賞を受賞する。

平沼孝啓（ひらぬま こうき）建築家

1971 年 大阪生まれ。ロンドンの AA スクールで建築を学び、99 年平沼孝啓建築研究所設立。08 年「東京大学くうかん実験棟」でグランドデザイン国際建築賞、18 年「建築の展覧会」で日本建築学会教育賞。

平沼：昨日のシンポジウム、そして U-35 2021 の審査委員長として 1 年間、おつかれさまでした！

吉村：平沼さんの方こそお疲れさまでした！シンポジウム会場で交わせなかった議論の続きが今日できるのは、非常に大切なことですね（笑）。

平沼：世間でいわれる世代間の分断を建築家たちに感じないのは、こんな場があることがひとつの理由なのかもしれません。昨夜の余韻が冷めないよう翌朝に、こうやって毎年の審査委員長を務められた建築家へのインタビューを記録しています。来年の出展者や、これからこの U-35 に挑もうとする若手の建築家に向けたメッセージを残そうと、2018 年の平田さんの呼びかけから対談をしていますが、出展者選考の際の（前半）インタビューから約半年。昨日のシンポジウムでは GOLD MEDAL を授与されました。今年は吉村ディレクションの効いた、相対的にクオリティの高い展示だったと感じたのですが、振り返って各出展者の展示を見て、また各作品の発表と議論を聞いて、実際にはどのように悩まれて、GOLD MEDAL の決定に至ったのかを教えてください。まずは宮城島さんの O プロジェクトからお聞かせください。

吉村：昨晩のシンポジウムの壇上では、圧倒的に上世代の議論が続いていたので（笑）、なかなか僕も割り込む間もなく黙ってしまっていたのですが（笑）、でも宮城島さんにだけは、議論の場でパスを出しました。それは、シンポジウム前に展覧会場を見て回り各作品の説明を聴く中で、板坂さんの展示作に惹かれたのです。でももし、対抗がいるとしたら宮城島さんかなぁ、とボンヤリと思っていました。それは、シンポジウムの発表で語っていることも明解だし、小さな仕事ながらも北海道の厳しい環境の中、あれだけあっけらかんと、周辺環境に呼応している場のメッセージ性も明解に伝わっていました。そこでパスを送ったところ、70 ～ 80 点ぐらいの応答をしてくれたのだと思いますが、100 点とか 120 点、または予想もしない様な答えがかえってきたら、きっと逆転して僕は彼に、GOLD MEDAL をあげようと思っていた、そういうパスでした。小さな増築の空間から大きな世界観をつくり、考え、広大な大地や地球そのものに繋ぐような作品に仕上げられていると感じたので、もう少し合理的に語る手法があると良かったですね。

平沼：吉村さんにひとつ教えてほしいのですが。僕はオーソドックスなツーバイフォー住宅の増築に、彼がやった、小空間に詰め込んだ解像度は見事だなと思った一方で、コンクリートという構造の扱い方や、打放し仕上げのセパコンの割も含めた構成材に対しては、前世紀の表現に戻ったような感覚を持ったのです。僕らが学んだ時代に目指した一例なので否定はしませんが、そのあたりはどのように解釈されましたか。

吉村：安心感というか既知感というのか、多分そこは、上世代の皆が思っていたことでしょう。彼独自の説明書があると良かったのですが、僕らより前の近代に近いということですよね。

平沼：そうですね。要は近代建築家と呼ばれたミースやコルビュジエがやった近代主義の造り方に似たやり方について、作家のオリジナリティをどのように見出すのか迷いました。

吉村：スタディ模型もそのような類のものもありましたね。でも僕は増築部分の構成に評価軸を立てたというよりは、新たにつくられたことによって、ツーバイフォーの住宅の空間の質がとても良くなっていたことを評価しました。増築部分を一つの完結したものとしてみると、確かに不必要に明るくてきつく感じるし、固いし重いし重厚感も感じるのですが、あのツーバイフォーの母屋とセットで見ると、元の空間に貢献しているようにも見えて、「関係」のつくり方が上手だなと思ったのです。恐らく「増築してください」という依頼ではなく、ツーバイフォーを明るくしてくださいという改修の依頼だったようですが、そこにあれをちょこんと添えることによって全体を良くするという手つきは、かなり手練れていますよね。

平沼：一見するとあのサッシ割も不用意に細かくしているように見えるのですが、住宅という性質からヒューマンスケールに合わせて母屋の空間性を引き出し、ミニマルな空間体験ができる要素として設えたことにより、あのツーバイフォーの普通の建物がより一層よく見えるようになったんだと思いました。

吉村：そう、明るくなったというよりは、コントラストはより暗くなったけれど、それが良いというか、落ち着いて籠れるようになっていますよね。もともと持っている空間の価値を高めているので、呼応した状態になっていてよかったと。

平沼：リアルスペースとして僕自身が所有するなら「欲しい」と素直に思えるものなんです。ただあの解決だと、個人的な嗜好品としては高いものになりますが、自宅の家のクッションの色や素材を選ぶ延長線にあるようで、社会的な批評性には乏しさを感じました。彼がこの先に、フットプリントが何万平米のプロジェクトの設計に挑んだ時に、どんな建築アイテムでどんな構成と空間性を描くのだろうかと想像した時に、少し旧態依存型の建築に頼り、安心感を得た中での主張を施してしまわないかなぁと同時に感じてしまいました。僕のこの不安解釈を打ち破ってほしいです（笑）。

吉村：今回は、北海道という寒冷地に対応したツーバイフォーの閉じた住宅における、いわゆる独特な住宅に対するアタッチメントだったけれど、新築で戸建て丸ごと建てるにしても公共施設を建てるにしても、課題よりも大きな効果に達していることには変わりないんじゃないかな。住宅地に建てるなら住宅の持っている質を高めるようなことをやってくれるだろうし、公共施設を建てる場合でも、その都市やまち全体が持っている質、もしかしたらネガティブに取られていたかもしれないような質を、何かを建てることによってポジティブに反転してくれるような資質、才能があるんじゃないかと見立てました。それは展示表現で示された「思考のプロセス」。スタディの過程で使ったものを展示されていて、思考

の過程がトレースできることと、最後に原寸の柱を再現していて、思考の過程と建築が持っている質を 1/1 で再現して体験を促しているということが、バランスよく配置されていると思うんです。見応えある展示というのか、立ち止まって見てしまうような、読み込みがいのある切実な表現に魅力を感じました。

平沼：板坂さんと宮城島さんの、エリア４～５の隣接したこれらの展示。確かに「読み込みがい」のある展示手法に対して迷われたということですね。

吉村：そうですね。ある意味、わざわざ展示のためにつくり込んだわけではないのでしょうが、日々の態度のようなものが垣間見れて、さらっと思考の過程を見せているということに切実さを感じるし、どんなことが考えられたのかというプロセスが辿れて感情移入できる。そういうことと建築を感じさせるような現実の再現。これもさらっと再現しておいて、その中でちゃんと思考の過程を見せるというんですかね、これは僕の好みかもしれないですが（笑）。

平沼：いや、とても理解できますし共感します。建築展は商用の商品を並べただけの展示会と違いますから、実作での経験を展示でどのように体験させるか、設計時の過程に思考を辿らせます。スケールメリットを利用し、展示用にと制作するビックアイディアのインスタレーションで体験させる手法には驚かされますし反響を生みますが、彼らは設計プロセスからその手掛かりを探り、実際にプレゼンで使われた資料や、設計時に検討を重ねたものを再構築しながら並べていった。柱やベンチだけは原寸にしてスケール感を共有させた。

吉村：そうそう。両側にちゃんと配慮があるのです。ある一定以上の建築を体験した建築家にとって、思考を巡らせながら設計プロセスの体験をさせてもらうのは、楽しいものですよね。そんな経験がない一般の方に対しては、読み込みながら思考を巡らせることはないだろうから、柱の大きさを見せて、スケールから理解させようとする展示。ポエティカルだし大人っぽいですね。

平沼：吉村さんが迷われた点の論考を詳しく記録に残したかったし、僕は彼の次の作品にも期待を寄せつつ、来年以降の出展者に、建築展の展示手法に影響を与えるんじゃないかと思っていました。つぎは、畠山さんと吉野さんの河童の家、どう見ましたか。

吉村：僕は、河童の家のことを壇上で、「構造と詩の調停」という表現をしました。理性で推し進めた作品のように映ります。立地的に積み重ねてつくる部分と、単にむき出しの構造体にするのではなくて緑青を吹くというマテリアルで包んでしまっている。彼らが常にそれをやるんだと心に決めているなら別に僕らが何か言うことではないですが、僕の価値基準からすると、もう少しむき出しのままでもやれることがあるのではないかなと思いました。

平沼：被膜と構造の分離は気になります。

吉村：そう、覆い隠すことによって、階段がそうじゃなくてもよくなってしまうように見えますよね。

平沼：本展の開催をはじめた 2010 年から 3 年連続で出展した増田大坪をよく見ていました。彼らに学んだことで、彼らの原点や手法が出てくるのは悪いことではないのですが、そことは違う思想のドライブが薄く見えました。あの階段で解決しようという、階段の先の踏面、蹴上も書いていくあの手法はとっても面白いのに、被膜という外壁の解決策へのコンテクストが見えてこない。

吉村：階段は面白いですよね。

平沼：そうなんです。あのクリティカルに仕留めていくやり方以上のものが、見えてこないんですよね。展示を初めて見た時に、緑青の塗装に興味をそそられ、「どうやってつくったの？」と聞くと、難しそうな施工で表層を実現しているのですが、厳しく勝手な言い方をすると、自然環境に応じた伸縮目地が取れていない分、経過観測や階段との構造ダイアグラム、持続可能なコンテクストを話

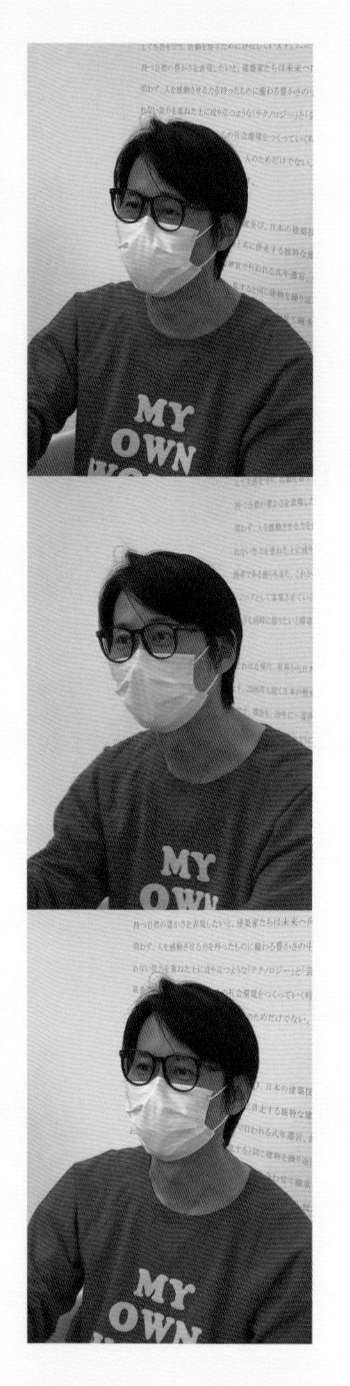

してほしかった。割れて水が入るだろうなと、僕らはメンテナンスでよく泣かされてきているのでそんな想像が働いてしまう（笑）。そんな時でも、狭小地であることと大道芸人の方なので、大らかに対応してもらえればそれほど問題にはならないだろうけれど、それでももう少し手立てとか、持続可能な手続きがあったのではないかなと思いました。吉村さんも増田大坪をよくご存じですが、彼らのやり方は面白くて、隙間のような敷地を見つけてくるのも上手ですよね。普通はそんなところに建てられないというようなところに建てる。隙間なのにちゃんと主役にしていく、ああいう特殊な手法についてどのように感じていますか。

吉村：若い頃の増田さんと、ある小さな内装の仕事を頼まれて、そのお目付け役をかねて一緒に設計する機会があったんです。とても小さな店だったので、増田さんにお任せしてプレゼンに何度か付き合ったことがあります。でも、結局その物件は実現していないのですね。なぜかというと増田さんは今の内装が好きだから変えたくないからと、何度持ってきてもどこが今の店と違うのかが分からないくらいそっくりな図面を持ってきて。そこで、建てないということ、手を加えないということまでを選択肢に持っている建築家に関心を寄せるようになりました。僕らだと普通に何かを施したくなりますよね。けれど、その場所が本当に備えている質をつくり出すのに自分の創意工夫みたいなものを足すことが必ずしも良いことではないと思った時の、その粘り腰がすごいなって思ったんです。「変えたくないという意思を貫く」という、そういう強さから比較すると、彼らはまだ不用意に構成し、つくっているという感じがしました。そう言ってるような言ってないような説明文の書き方でしたが、河童の服を着る大道芸人だから緑色の緑青みたいなことは直接的すぎる。この背景を知るほとんどの人は、緑の仕上げを見たら河童を連想するわけです。詩性みたいなものはもちろん同居するんですが、それがキャッチーになりすぎていますよね。もう少し僕らの想像力を広げてくれるような詩の在り方もあるのではないかという気がしました。

平沼：優秀だし特別な才能を持たれているのですけれど、計画地から生まれたポエティカルな階段と構造の解き方から、オチという形態をまとう部位にも期待をしてしまうのです。

吉村：本当に上手いし、これでも良いのですがね・・・。

平沼：彼らの個性には脱帽していますし、あと一歩のつなぎ方に期待したいのです。次に西原さんの三宿の部屋。

吉村：西原さんも、師匠の影響みたいなものを感じますよね。35 歳って僕、絶妙な年齢設定だなって今回も思ったんですが、最初の挨拶で「U-40 にしたら？」なんて軽口叩きましてけれど、40 歳にもなるともう自立した建築家で、葛藤みたいなものはだいぶ、乗り越えてるとは思うんです。でも 35 歳って建て始めてまだ葛藤の最中にいるような、師匠の顔が透けて見える感じの人が何人かいますよね。特に西原さんもスキーマ出身ですし、ホームセンターで手に入るような材料の組み合わせでものをつくっていくというスタンスは近いものがあります。内装をこなれたインテリアにするのではなくて、本当の建築の敷地みたいなものに見立てているように見えた。空のコンクリートの箱の中に設備がどこを通ってるかなんて僕らはそんなに気にしないけれど、それをあたかも、建築を建てる時に水や電気がどう流れるのかを考えていくというのは、小さいコンクリートの箱を大きく見せてくれていて、あの中に建築を建てているかのように建てているっていうのが良いんじゃないかと思います。

平沼：実用性と言うのかな、生活や暮らしにおいて、長押と巾木から継いでいくやり方が見事だなと思います。足しても引いても常にコンタクトがとれるという部位にも関心を持ちました。その行為自体がインテリア空間を結果的につくっている。ただ一方で作品性を評する場においては、社会性に乏しくなっている気がするんです。生活者の暮らしぶりの比較の場ではないと思うので、他者を含めて社会に問いかけるには掛け離れている気がしました。僕たちが基軸に置いている価値に誤りを含んでいる可能性があるかもしれませんが、その基準としては、どちらかと言うと社会性へのアプローチについて U-35 世代を評価してきたんじゃないかと思うのです。そういう意味でどう見ればいいかと。

吉村：そうですよね。ローコスト住宅や、DIY インテリアで評価され、デビューすることは危険なことも含みますしね。僕自身もコンテナをやってると、コンテナのコスト感の仕事しかこなくなったりしました（笑）。そういうのはやはり賭けだと思うんです。無自覚にローコストのものを発表し続けていると職業として成立しなくなるという危険性があるので、彼はうまくやれるとは思いますが、気をつけながらやって欲しいなというのが先輩からのアドバイスです。

平沼：僕らの一世代上の塚本さんや手塚さんがデビュー当時、狭小住宅をよくやられていて、時代もそうでしたがある種のムーブメントを構築されていました。でもやはりそういう仕事しか来なくなっていたということを後に聞いたのです。でもその頃に聞いた西沢立衛さんのテーブル理論ですが、事務所を大きくするとどんどんものが乗っかるように仕事も乗っかるというようなことに僕は影響を受けた方で、大きい方が自由度が増して余白が設計できることに価値を見出してきたのです。西原さんの作品をみると、長坂さんの影響も感じる建築というか、人が気付かない、普通の設計者が気遣えないような工夫があるのですが、ただ一点外壁に対して、一般流通工業材で仕留めてるケースが多いなと思うんです。そこはあっさりしてしまうのではなくて、西原さんの持ち味である暮らしの中から出てくる工夫を、室内だけでなく外観でも設えることはできないのかと。例えば、ピアノやロジャースが仕留めたポンピドゥー・センターのようなインフラの見える化ですね。僕らはどちらかと言うと、空間の中で起こっている用途が外にも発信されている方が街とのコンタクトが取りやすいと学んだ世代。だから外に開かれた空間とか、内との境界を曖昧にした形態性について、外壁の捉え方を分離せずにつなぐのですが、彼らは閉じているということに価値の違いを感じます。もちろんその価値は認めますが、仕留め方が一歩及んでいない気がするのです。

吉村：彼らは、形をどう作りたいかということに興味がないのかもしれないですね。空間とか形態。どちらかというと使う人が能動的に空間に関わる縁みたいなものとしてこういうパーツを仕込むことができたらやりたいんだという話で、意図と意図せざるものが相対みたいに捉えている。僕は、彼がやっていることは長坂さんたちがやってることよりもピュアだなと思いました。家の中にブラックボックス化したものが何もない、スイッチを入れたら照明が付くという線が繋がって見えるという、空間やそこにあるもの、身の回りにあるものの成り立ちの理解を助けるような建築のあり方は、板坂さんがやってることよりももう一歩先に踏み出してるようにも見えるんです。ブラックボックス化させない。工業材料ですらブラックボックス化させない、みたいなそういうのを面白いなと思っているんです。

平沼：確かに設計者は、過去と現在と未来を結ぶ行為として、どこに重きを置いた思想をもっているのかによって手法が変わります。では次に奈良さんはいかがでしたか。

吉村：壇上の議論に尽きるんじゃないかなと思うんですけれど、陶芸と建築を今、安易に結びつけてしまうのではなくて、他にも同じことを言っている人がいましたが、陶芸でやってることをもう少し粘り強く突き詰めたほうがいいですね。土だから繋がってるみたいなこと言っちゃわないとか、プロセスが似てるとかそういうことではないのではないかと僕も思います。必ずしも頭の中で考えたことが全て実現されるわけではない。陶芸だってこちらが意図してないことが混じってるから面白いのかもしれない。何ヶ月も窯で焼いて、出てきたら全く違うものになっていたとか、コントロールができない部分についてですね。或いは、窓際の陶芸とかツンツンしてるのは別に器としては何の意味もないですよね。合理的に CAD でスタディしたからって合理的というわけではないし、口に入れようとしたらそれを拒むようなツンツンですからよくわからないオブジェなんですが、そういう触れられることを拒むような存在みたいなものをつくっていながら、建築になると急にみんなウェルカムの優しい建築になっていて。それはいくら同じ土を使ってても同じような存在とは言えないですよね（笑）。

平沼：彼は声がいいですし言語能力も高い。青年実業家としてファン層もたくさんいるようですし、

クライアントもたくさん掴んでいくんでしょうがやはり既存美を攻めてますよね。これまでの美しさに対してて、それをなぞるような陶芸のあり方。場所のコンテクストを読み取って道を開いたという提案作も、道が狭すぎて、あれだけ道路幅があるのに私有地の中をこそこそさせられてる感覚があります。やはり恣意的な操作が入っている気がして僕は少しイラッとしたんです（笑）。

吉村：分からないですよね。この会場の彼の展示エリアは窓際で、外からも見えるこの展覧会の“顔”だから、そこには外から見て興味を引けるものを持っていった方が良いよとアドバイスしたら、彼にとっては自信作の器を並べてしまった。それはそれで良いんだと思うんですが、建築展を見に来ているお客さん、誰も窓際のそれを見てないんです。

平沼：ちょっと実際に見に行っても良いですか？会場に下りて見ながら話しましょう。（会場へ移動）

吉村：みんな、ほぼこれを見ない。どういうことなんだろうって思いながら昨日は見てたんですが、ちょっと陶芸と建築がかけ離れすぎていて、タイトルの言葉を借りると邂逅していない。あまり同じ人がつくったように見えないんだなと思いました。これを建築とするならば、そのまま拡大して建てさせてくれるクライアントが現れるまで、彼は建築をやらない方が良いのではないかと思いました。これならカラトラバみたいな建築家になる可能性もありますからね。

平沼：ザハ事務所にオープンデスクで行ってた時に見たのですが、ザハって服飾のパターン図のように立面と断面を一緒に書いていくんです。彼女はアンビルドの暗黒時代が長いので、プロダクト製品として依頼されたときにはスタッフらがセクションを割る。それを重ねて行って最終的に造形物にするっていう手法は同じなんです。でも、彼はこれのためにそれを使っていて、ザハは建築があった上でこれをプロダクトに落としてたっていう、そこが違いますね。

吉村：この形をもっと落とせないかなと思います。陶器の土って現場のものは複雑で、建築はすぐ側にある土を使ったりするから優しくなっちゃうんでしょうか、彼じゃなくてもできるものだと思うんです。

平沼：版築の話が出てきた時は、ちょっとがっかりしました。

吉村：そうですよねぇ。

平沼：え？それ版築利用するの？って。こっちはボリュームで考えていて、こっちは薄いセクションで考えているのかというこの乖離が許せなくなりました。

吉村：自覚的じゃないのかな。このままチクチクしたものとか稜線のあるものとか、そういうもので建築がつくれると思うんです。単に土を使ってると言うより造形的にもかなり癖が強いので、この強い癖が全く無くなって良いのか？と思いました。

平沼：スタディのやり方が全然別になっていると思いました。全部こっちでやって欲しいです。

吉村：彼に気づいて欲しいですね。

平沼：鈴木さんに行きましょうか？

吉村：正直リアリティを薄めていると思うんです。実際に樹脂を含浸させて、全然木ではなくなってしまうほど燃えない仕様にすれば出来るかもしれませんが、これぐらいのボリュームで、わざわざ燃代を作らなくてもいいと思います。燃えていくものをわざわざ繋いでいくというのは・・・。

平沼：逆に包帯感がね…ネガティブな方に向かいますよね。

吉村：スタディがあらぬ方向に行ってるなと思いました。アイディアはすごい面白くて、分散型コアでスパンを短くして、階高を抑えて余剰のスペースに回すという、不動産のスキームとしてかなり面白いと思いました。実現して欲しいですね。このくらいの模型を作ってクライアント見つけていけば良いなと思いました。

平沼：ただ彼がこの CG を持ってきていて…本当はこちらを高く見せていった方が面白かったんですが。

吉村：優秀だからですね。手はすごい動くし、頭が良い。

平沼：ただセンスがない（笑）。

吉村：（笑）そこまでは言わないけれど、少しごちゃごちゃとかわしゃわしゃとか言ってましたが、こういう細かい造作がまとわりつくのは少し日本っぽいというか、物の思い切りの良さみたいなものが若干弱められる気がします。

平沼：そうですよね、これで十分できた気がするんです。そこだけでも全然批評性で、形態も生み出すので、面白いなあと思ってたんですが、余力があったんでしょうね。

吉村：そうですね。やりたくなっちゃったんでしょうね。

平沼：（笑）そういうことでしょうね。でも今後が期待できますよね。

吉村：できます、できます。

平沼：ありがとうございます。では榮家さんです。

吉村：まず展示方法がすごく面白いなと。一戸の住宅をバラバラにシーンごとに分解してますよね。体験的経験的に、頭の中に描きながらそこをめぐってみることにしたという、いいアイディアなんですが、彼女の真面目さが出てるのは、最後に種明かしするところ。あるいはこれが方向が同じでオリエンテーション通りなんですよね、全部。でも実際に僕がもしこの建物の中に入ったら、回転することによって向きはそんなに大事じゃなくなるので、もう少しふらふら浮かしてても良いのではないかと思いました。生真面目なんですよね。こういうものが一番この家の狂った場所なのに・・・

平沼：そうなんですよ！

吉村：そんなにフィーチャーされなかったですね。そういう、アンチクライマックスというか、一個のシーンだけを取り立てて大きくしたくないんでしょうね、多分。

平沼：彼女の頭の中で生きてる感ありますね（笑）。そこに秩序や自分なりの真面目さが出てしまっている。優秀すぎるから、いい加減さが面白さだと気づいてくれると良いのになと思いました。僕はこの住宅を見てないですが、行けばとても良いんだと思います。ただここまでこういう部屋割りをしているのに、一発ばーんと大屋根で仕留めるというのはなぜなのか。一つひとつを分節で屋根はボリュームで見せられたわけですから。

吉村：うんうん。それは住宅街への配慮なのか？

平沼：榮家さんと迷われてました？迷われてないですか？

吉村：僕はあまり迷っていないです。風景ランドスケープみたいなものと、家の中の経験を織り込んでいくように建築をつくりたいということだと思うんですが、そういう試みは今までも結構あったような気がします。それに比べると板坂さんがやってることはもう少しクレイジーですね。もともと興味は引かれてたんです。農業用の温室の再利用とかをやったりするので、そういう文脈で興味を持っていたんですけど、なんか普通にやるとこういう既製品の再解釈の時って、元々の工業製品が持っているドライな質も含めてそのまま使ってしまいがちだと思うのですが、彼女はそうじゃないですね。温室の構造体を使いながらでも郊外住宅に見えるという独特の調整をしている。それは考えたこともなかったです。僕、たまたまなんですが、この淡路の近くに左官の久住章さんという方の工房があって、学生時代そこによく行ってたんです。この地域の農業用のグリーンハウスや小さな工場のコルゲート、スレート板で出来た小さい工場の景色を理解していて、ああいう、生産する田舎みたいなところが持っているちょっと荒っぽい、埃っぽい感じのものの作り方と、郊外住宅地の割とクリーンな、たぶん上品なお母さんがやってきて週末住宅に使うような、本来なら全然相容れないような 2 つの出来事がうまく仲裁されてるというか、調停されてるというか。その感じが不思議だなあと思ってるんです。

平沼：彼女最年少だったんです。なのに、僕らが設計事務所で働いていたときボスに提示していたように、こういうリックのチップを貼って、こういう素材で行きますと切り貼りして伝えるような、若い頃を彷彿とさせるような状態で、今の若者がやってるということにびっくりしました。

吉村：面白い。まさか展示でこんな普通にカタログ置かれるとは思ってなかった（笑）。

平沼：そうなんですよ。僕らが学んだ設計製図の手法を彼女は普通にやっているんです。多分今もう誰もこんなことやってないと思うんですよね。僕たちにとっては原点回帰ですね。

吉村：すごいものですよ、これは。3Dやデジタル、電子カタログで云々の世界じゃ全くないですもんね。

平沼：そう、すごいなと思いました。それで彼女がアイソメで描いてた絵が気になり始めました。

吉村：カタログから選ぶだけでもなくカスタマイズしてるし、物を見てる解像度が高いんですよね。

平沼：インテリアコーディネーターのように建築材を選んでますよね。すごいなと思います。

吉村：恐ろしい才能ですね。

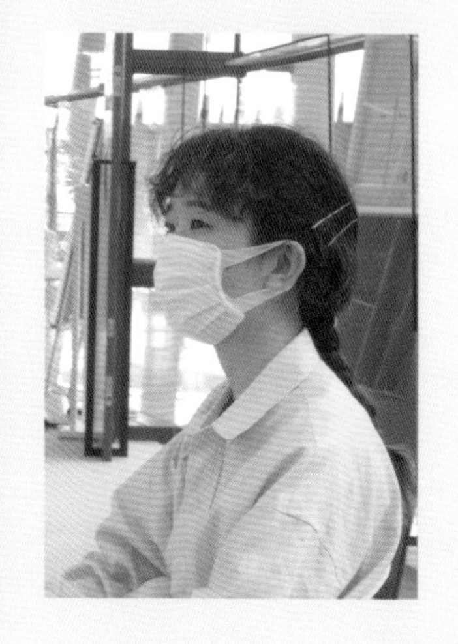

（GOLD MEDAL の受賞者：板坂さんを交えて）

平沼：今、昨日の熱が冷めないうちに吉村さんから 1 人ずつの作品はどうだったのかというのをお聞きして、それでどのように板坂さんにゴールドが決まったのかということを一通り聞いてきました。まずは、昨日の GOLD MEDAL に至った経緯を自分なりに分析して、どう思われているかをお話しいただけますか。

板坂：昨日は議論の中で選ばれたというよりは、展示の内容とプレゼンテーションである程度、評価を考えられたのかなという感じがしました。私自身はプロセスを見せることが良いことだと…それだけが良いことだとは思っていないですけれど、その建築の向こうにある、つくられる前だったり、その見えている建築物だけじゃないことがあそこに積み重なっていたんだと、単なるプロセスの掲示じゃなくて、それがコンセプトであるみたいなことを読み取ってもらえたのかなと思っています。それと、ものに対する目線がいわゆる建築を作るためとか建築に使うためにリサーチしてるということではなく、純粋にそのもの自体を面白がってこれの向こうにある町のことを考えるようなこと、建築をつくるためだけにやっているのではないと思っていただけたのかなと思います。それは自分でも意識していたことなので、伝えたいと思っていました。どうなんでしょうか？

吉村：さっき話していたのはそういう話です。プロセスを見せることについて、特にあの建物に関しては成功している感じがするんです。他にもいくつかあるんだけど、単なる変遷、スタディの変遷の話じゃなくて、ものに対する愛着とか、或いはその見る時の解像度の高さみたいなものが、そのまま情報量としても溢れてるんで、読み込みたくなっちゃうんです。それが見せたいものなんだなっていうことがわかる。要するに空間そのものやプランニングとかそういうものじゃなくて、風景とか、色とか、材質とか、解像度がフォーカスされるポイントが、なんか絶妙に、これまでの建築家が「建築」と呼んできたものの範疇を行ったり来たりしながら表現されている印象なんですね。フォーカスしたアングルに写るブレみたいなもの。これが面白いんだと思う。他の若い建築家たちが、オーセンティックなものにトライしているのに比べると、半歩、一歩と、踏み出してる感じがするんです。

平沼：新しさの定義にもよりますが、具体と感性をアタマで抽象化させる魅力を与えてくれるんですよね。

板坂：でもそれは計画地が淡路島だったから、あの場所だったからこそ、きっかけを与えてもらえたのだと思います。集まったもののスケールが違ったり、色彩もまばらだったり、特別な印象がない感じがしました。そういうことがきっかけで、いわゆる建築教育を受けた身体で向き合ってしまうと、たぶん大事なところを取りこぼすだろうなと感覚的に思っていました。

吉村：その景色も想像できます。たまたまその近くに通ってたので何となく分かります。それと、その上品な郊外住宅地みたいなのにあるべき部品の、すごいキメラというか、ハイブリッドっていうか。面白いですね。

平沼：彼女は、初めて出展者説明会で出会った時から、感覚的な、センシティブな感性が伝わっていたんです。この近年でゴールドに女性が続いているんですよ。

吉村：そうですね。それぞれ優秀な建築家だから。でも審査員に女性がいないというのは結構改善するべきところだと思います。10 会議でもそういう議論がありましたが、女性の感性や厳しい目が女性に向けられていないと思うんですよね（笑）。

平沼：先ほど話していたのですが、僕たちが設計を始めた頃は、製図版に平行定規・ドラフターに向かい、ロットリングや鉛筆で図面を書いていました。それからボスに説明するプレゼン台を置いて、切り貼りして敷地周辺の写真を置き、メーカーのカタログを開いてサンプルを置いて「これを使用します」というような、設計事務所の徒弟時代にプレゼンするようなやり方。これを展示場所で提示していましたが、板坂さんはそういうことを経験していないじゃないですよね。部分ディテールを、キャンパスノートの切れ端にかいたりしてるのも、自分でそうやって作っているんですか？

板坂：はい。サイト・リサーチに伴って、風景の写真を集めていました。カタログに付箋を貼るのは、見てきたものがどれなんだろうかという調査としてで、別に選ぶためというより、図鑑みたいな感じでカタログを扱っていたんです。逆にカラーチップは、やり方は誰にも教わってなくて、でも色を選ぶ時はやっぱり並べた方が分かりやすいから並べて、実際に合ってるな、という感じです。メモに小さく納まりとかを書いたのは、私が図面に標準の納まりしか描いてなくて、なのに建物全部違うから教えてくれと現場で言われたのですが、大工さんに話す時に平面断面じゃ分からないから、アクソメで描いていったんです。そしたら理解してもらえたんです。規定の表現を使っていても、たぶん伝えられないことをやってるような気がするから、どれが一番適してるかということを選んでるだけに近いという…。

平沼：なるほど。もう最後だけ見せて、みたいなことですよね。それはまさに僕らが、それこそ徒弟制度でやってきたままなんですよ。今それをしているということにすごく新鮮味がありました。もう一つ、僕らでは気付かなかったような、材料の端部を削っていくとか、そんなことに興味が湧いた理由は何ですか。

板坂：まずは淡路島の、日常っぽいけど東京では見たことのないバラバラな、複雑なことを理解してみようと思ったときに、歴史とか、いわゆる人口みたいな統計データも見ましたが、自分の見つけてきたものってそもそも何なのか、ということを知りたくなったんです。メーカーのショールームに行くとサンプルが貰えるので、それを眺めていると写真で撮った外装じゃなくて、普通のものに見えてきて邪魔だから台として使おうかなとか。切りっぱなしだから端部痛いな、だったらやすれるのかな？みたいな感じ。素材についての解像度、素材から設計もできるかも、みたいな気持ちと両方あるというか。

吉村：ものとして見てるっていう感覚がすごいし、すごく分かる。僕らの頭にはもういろんな標準収まりがインストールされてて、この製品見たらこうやって使うんだみたいなものが、ほぼ自動的に思い浮かぶのですが、そこに行かないでいますよね。意図的にやっているけれど、僕も若い時単純に標準収まりを知らなかったりしたんですが、そのための製品があることを知らない時は全部自作していたりしました。今は標準のものを見ても単なるものに見えるっていう、絶妙なすごいフレッシュな感性があるんですよね。

板坂：そうなんですよね。だから今後自分が経験したあとに、素で体験できるかというのがわからないです。続けられるかが課題というか…まあ楽しみですね。

吉村：続けてほしいよね。

平沼：僕らの時はまだ徒弟制度が厳しかった時代だったんで、そこをどう保証するのかとすごく煽られて、じゃあそうしときますと折れていかなきゃいけなかったんですよ。でも板坂さんはそういうことを全く感じていないように見えます。

板坂：でも、ガラスをどうしても使うべきかどうか悩みました。最初、基本設計ではガラスの温室をガラスのまま使ってたんですが、雨は漏るし住めないしとなって、話を進めるためにフレキシブルボードに変えたんです。その時は周りから、それって温室使う意味あるのとか、めちゃくちゃ言われました。

平沼：笑

板坂：その時にすごく悩んで…でもこれって温室のためだけの建築じゃないし、使ってるけどほんとは家にするべきだから、そこは乗り越えて良いんじゃないかみたいなことを話したんです。そのジャンプがなかったら、多分どこもかしこも、無理やりコンセプトを通しつつ、使いにくい家をつくろうとしちゃってたのかなと思います。色々言われることに対して、めちゃくちゃナイーブな時もあったんですが、やってみなければわからないし、大工さんたちもそういう姿勢見せていると、チームになってくれる感覚がありました。最初は割と雨漏りのこととかすごく言われたし、どうやって温室メーカーとやり取りするか、とか言われましたが、進めていくと皆でつくってて面白かったです。

吉村：ちりの話とかも、僕らならじゃあ 1mm ね、3mm ね、とかそういうことを悩むんですが、そもそもなんでちりって必要なんだっけというところまで遡って考えるみたいなところがあるような気がして、ものすごく効率が悪いことだけれど、それを見ていると、得体の知れないものを見てい

る感じはあるんです。でもすごく頭がフレッシュになります。

板坂：良かったです。なんか見る人によっては普通というか…

平沼：普通！？

板坂：変だけどまあこうなったことに納得がいくというか、馴染みがある感じで普通に建ってると。変だけどそういうやり方なんだって思うみたいです。そこが面白いですよね。明らかに新しいと思われてないことが面白いなと思っています。だからみんなをモヤモヤさせられているんだろうなと思ってるんですけど…。

吉村：わかってるよね。単に板坂さんが若いからということじゃなくて、コロナとかでさマスクするとか、ディスタンスを取るとかってもう思考停止じゃない。みんながそうやるからやらなきゃみたいな、なんだけど本当はこれだけ生活の前提条件が変わったら 1 から全部考え直さなきゃいけなくて、考え続けなきゃいけなくて。そういうことをやっているような気がするんですよ。1 個 1 個僕らが思考停止して考えなくなっていたことをいちいちほじくり返してくれていて、今の時代にも合っているんじゃないかなって思います。みんなちょうど考え直すタイミングが来ていると思うので。

板坂：印象的だったのはひと世代上の人たちが、私たちの世代の感覚に立ち返っている感じがして。なんかそれを感じているのかなというか、そこに自分たちが乗っかって設計が自動的に進むような、やることに対して不安もあるし、自分たちがそれをやる必要があるのかどうか。革命は起こすつもりはない、起こさないけど本当か？みたいなことは周りでは思っている人が多いです。

平沼：僕らの世代って筋肉ムキムキで強固な建物を、メガストラクチャーで解いてきた時代が正だとされてきたんですね。一方で儚くて壊れそうな、でも壊れたら傷つけるよなって思うようなそういうセンシティブな感覚、それを弱さとも言うんだけれど、そこに強さを感じるんです。その新しさに僕らは、何らかの希望を抱き、期待するのだと思います。

2021 年 10 月 17 日
U-35 展覧会会場（大阪駅・中央北口前うめきたシップホール）にて

U-35
Under 35 Architects
exhibition
Gold Medal

afterword | 平沼孝啓（ひらぬま こうき）

あとがき

Proposal of the problem myself.

自分という、問題提起。

本展の開催地・大阪は長年、ものづくりと食文化で庶民の生活を支えてきた街である。1933 年、日本で初めての公営地下鉄として御堂筋線（梅田〜心斎橋間）が開業した。通称〝ミナミ〟エリアは百貨店を中心とした商業地区が建ち並び、江戸時代からつづく繊維問屋街の船場や木材流通の拠点である堀江などのいわゆる卸・物販店がある地域。そして本展会場のあるうめきた地区は、戦前から産業を担う地域として栄え、いすゞやダイハツといった自動車メーカーの工業を補う小さな部品工場が立ち並び、その労働者の生活を支えるように酒場などの飲食店が軒を連ね、福島地区を中心に今も多くの店が存在する。

現在、うめきた 2 期工事が進む再開発エリアはかつて、旧国鉄の貨物線の操作場として車両の点検と運行試作が行われていたと、現在 80 歳代となられ、国立劇場の建て替えを設計される、関西ご出身の叔父に育まれたという香山壽夫先生（建築家・東京大学名誉教授）に、当時の原風景が蘇る話を、酒を酌み交わしながらお聞かせいただいた。戦時中は空爆や爆撃に備えて満州へと疎開する出発地点であったことから、所有区画が決定されず都市計画が敷かれなかった地区として存在したためか、高架式の阪神高速道路や環状線がダイナミックにビルを貫通しており、大阪駅に近づくにつれ、複雑に絡み合った都市のカオスへの鼓動を感じるような、古典的にいえば、神殿に向かうまでのジャングルのように感じることさえある。これは人の手で計画的に造られ、静粛さを保ち守られる、神域までの参道のようであり、現代の神門町のようだ。未来的な視野では、グラフィティのような現象に見えるかもしれない。

そもそも本展は、高等教育や中等教育にも役立ててもらいたいという思いが重なり、毎年、関西地区の多くの学生が授業の一環として訪れるという効果も得て、20 年後の出展者を目指すような育みを 2012 年（節目として 2018 年に日本建築学会教育賞をいただく 5 年ほど前）から担いはじめていた。その文脈から、建築を諦めようとしている地元の高校生たちに向け、上世代の建築家一同が自らの学生時代を振り返る、応援のようなリレー・レクチャーを 2020 年、リアル＆リモートにより毎晩開催したのである。この取り組みが話題性と効果を生み、コロナ禍にも関わらず前年を上回る来場者数を記録した。しかしこのイブニング・レクチャーは、以前から公約していた、11 日間の開催で 1 万人の来場者を動員するという目標を達成しようと、2019 年本展開催後に上世代で行っている「10 会議」で、既に決定し、備えていた結果でもあった。

この取り組みが SNS を中心に話題となり、奇しくも、著しい教育上の素晴らしい効果を導いていると称された。しかしこの「建築の展覧会」は、市民や建築従事者、専門家、教育者や後続の若い世代に向けて、勇気をもって意欲を高めたり目標を持ってもらいたいと思ってきた役割と主旨を担い続けたい。そして若手に焦点を充てた発表の場であるため、出展者のほとんどがデビュー展となる建築展が、地方都市においての相当な来場者数を目標に掲げ、一方で開催を重ねるたびに狭き門となりつつある建築家の登竜門のような本展への公募に、果敢にも応募し選出される出展者たちが、最後まで諦めずに表現を追求し信念を貫いていることに敬意を表したい。

結果として僕たちは、自粛という生活のおかげで、気づかなかったことや人が忘れていたことをつぎつぎと教えられた。そのひとつに本展の会場前にある大阪駅のひと駅先、環状線の福島駅を降りて会場まで北東に約 1km 歩くと、大阪の新旧の生活文化をあらわす下町の日常の様子が伺える。日本の各地域には歴史的な神社や寺院、市庁舎や公民館、給水塔など、地元に愛される名建築が存在している。建築の展覧会というこの取り組みは、今後、あらたな価値を生みだす街づくりの拠点になるのかもしれない。

13 度目の建築展の実現にあたり、幾度となく継続的なご支援をいただきます関係者各位のご厚意に、心より深く御礼を申し上げます。

（2022 年 3 月 31 日　大阪にて）

acknowledgements

関係者一覧

特別協賛

連携協賛

Panasonic

事業協賛

協賛

株式会社乃村工藝社

we would like to acknowledge all the sponsors. this would not have been possible without YOU.

special thanks for supporting U-35 2022

昨年開催のシンポジウムの様子

記念シンポジウム & 関連イベント概要

U-35 記念シンポジウム Ⅰ　meets U-35出展若手建築家

日時　**2022年10月1日(土)** 15:30-19:30
(14:00 開場　15:30 第一部開演　17:50 第二部開演　19:30 終了)

ゲスト建築家・建築史家
芦澤竜一 × 五十嵐淳 × 谷尻誠 × 永山祐子 × 平田晃久 × 平沼孝啓 × 藤本壮介 × 吉村靖孝 × 五十嵐太郎 × 倉方俊輔

芦澤竜一(あしざわ・りゅういち)建築家
1971年神奈川生まれ。94年早稲田大学卒業後、安藤忠雄建築研究所勤務。01年芦澤竜一建築設計事務所設立。滋賀県立大学教授。日本建築士会連合会賞など国内外で多くの賞を受賞している。

五十嵐淳(いがらし・じゅん)建築家
1970年北海道生まれ。97年五十嵐淳建築設計事務所設立。著書・「五十嵐淳 / 状態の表示」(10年彰国社)・「五十嵐淳/状態の構築」(11年TOTO出版)。主な受賞・吉岡賞、JIA新人賞、北海道建築賞など。

谷尻誠(たにじり・まこと)建築家
1974年広島生まれ。00年サポーズデザインオフィス設立。14年より吉田愛と共同主宰。最近では「絶景不動産」「21世紀工務店」を開業するなど活動の幅も広がっている。中国建築大賞他受賞多数。

永山祐子(ながやま・ゆうこ)建築家
1975年東京生まれ。98-02年青木淳建築計画事務所勤務。02年永山祐子建築設計設立。主な仕事「LOUIS VUITTON 京都大丸店」「ドバイ国際博覧会日本館」「東急歌舞伎町タワー(2023)」など。

平田晃久(ひらた・あきひさ)建築家
1971年大阪生まれ。97-05年伊東豊雄建築設計事務所勤務。05年平田晃久建築設計事務所設立。現在、京都大学教授。第13回ベネチアビエンナーレ金獅子賞(日本館)など多数を受賞。

平沼孝啓(ひらぬま・こうき)建築家
1971年大阪生まれ。ロンドンのAAスクールで建築を学び99年平沼孝啓建築研究所設立。08年「東京大学くうかん実験棟」でグランドデザイン国際建築賞、18年「建築の展覧会」で日本建築学会教育賞。

藤本壮介(ふじもと・そうすけ)建築家
1971年北海道生まれ。東京大学工学部建築学科卒業後、00年藤本壮介建築設計事務所設立。主な作品にロンドンのサーペンタインパビリオンなど。第13回ベネチアビエンナーレ金獅子賞(日本館)など多数を受賞する。

吉村靖孝(よしむら・やすたか)建築家
1972年愛知生まれ。97年早稲田大学大学院修士課程修了。99-01年MVRDV勤務。05年吉村靖孝建築設計事務所設立。早稲田大学教授。主な受賞に吉岡賞、アジアデザイン賞金賞など多数を受賞する。

五十嵐太郎(いがらし・たろう)建築史・批評家
1967年パリ(フランス)生まれ。92年東京大学大学院修士課程修了。博士(工学)。東北大学教授。あいちトリエンナーレ2013芸術監督。芸術選奨新人賞など多数を受賞する。

倉方俊輔(くらかた・しゅんすけ)建築史家
1971年東京生まれ。大阪公立大学教授。『東京モダン建築さんぽ』『吉阪隆正とル・コルビュジエ』『伊東忠太建築資料集』など著書多数。イケフェス大阪実行委員。主な受賞に日本建築学会賞(業績)ほか。

出展者の作品発表とゲスト建築家による審査により、Under 35 Architects exhibition 2022 Gold Medal が 1 点贈られます。

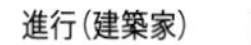

U-35 記念シンポジウム Ⅱ　meets U-35出展若手建築家

日時　**2022年10月8日(土)** 15:30-19:30
(14:00 開場　15:30 第一部開演　18:00 第二部開演　19:30 終了)

ゲスト建築家　**伊東豊雄**

進行(建築家)　**藤本壮介 × 平沼孝啓**

伊東豊雄(いとう・とよお)建築家
1941 年生まれ。65 年東京大学工学部建築学科卒業。近作に「みんなの森 ぎふメディアコスモス」、「バロック・インターナショナルミュージアム・プエブラ」(メキシコ)、「台中国家歌劇院」(台湾)など。日本建築学会賞、ヴェネチア・ビエンナーレ金獅子賞、プリツカー建築賞など受賞。2011 年に私塾「伊東建築塾」を設立。これからのまちや建築のあり方を考える場として様々な活動を行っている。

伊東豊雄氏によりこれから世界での活躍が期待できる若手建築家を出展者より 1 名選出し、Toyo Ito Prize(伊東賞)が贈られます。

RELATED EVENTS | 関連イベント（展覧会会場内）［予 告］
うめきたシップホール２階

●ギャラリーイベント　各回定員｜30名

12：30開場－13：00開演－15：00終了－15：30閉場

●ギャラリートーク　各回定員｜30名

15：30開場－16：00開演－17：00終了－17：30閉場

●イブニングレクチャー　各回定員｜150名（当日整理券配布）

17：30開場－18：00開演－19：30終了－20：00閉場

10月

Sun	Mon	Tue	Wed	Thu	Fri	Sat
					30 開幕 （展覧会開催初日） 12:00 開場 20:00 閉館 13:00-15:00 ギャラリーイベント ユニオン 16:00-17:30 イブニングレクチャー 藤本壮介	01 15:30-19:30 記念シンポジウムⅠ ゲスト建築家 芦澤竜一、五十嵐淳、谷尻誠、永山祐子、平田晃久、平沼孝啓 藤本壮介、吉村靖孝 五十嵐太郎、倉方俊輔 meets U-35 出展者
02 13:00-15:00 ギャラリーイベント 在阪建築四団体 16:00-17:00 ギャラリートーク 佐々木慧 18:00-19:30 イブニングレクチャー 五十嵐淳	03 13:00-15:00 ギャラリーイベント シェルター 16:00-17:00 ギャラリートーク 甲斐貴大 18:00-19:30 イブニングレクチャー 平田晃久	04 13:00-15:00 ギャラリーイベント オカムラ 16:00-17:00 ギャラリートーク 奥本卓也 18:00-19:30 イブニングレクチャー 谷尻誠	05 13:00-15:00 ギャラリーイベント パナソニック 16:00-17:00 ギャラリートーク 森恵吾＋張婕 18:00-19:30 イブニングレクチャー 倉方俊輔	06 13:00-15:00 ギャラリーイベント ケイミュー 16:00-17:00 ギャラリートーク 西倉美祝 18:00-19:30 イブニングレクチャー 吉村靖孝	07 13:00-15:00 ギャラリーイベント 丹青社 16:00-17:00 ギャラリートーク 山田健太朗 18:00-19:30 イブニングレクチャー 五十嵐太郎	08 15:30-19:30 記念シンポジウムⅡ ゲスト 伊東豊雄 進　行 藤本壮介 平沼孝啓 meets U-35 出展者
09 16:00-17:00 ギャラリートーク Aleksandra Kovaleva ＋佐藤敬 18:00-19:30 イブニングレクチャー 芦澤竜一	10 最終日 15:00-16:30 イブニングレクチャー 平沼孝啓 （展覧会開催終了日） 16:30 最終入場 17:00 閉館					

※ギャラリーイベント・ギャラリートークは事前のお申し込みが必要です。

※イブニングレクチャーは当日12時より、シップホール2階にて整理券を配布します。（当日に限り展覧会場へ再入場可能・最終日分は前日配布）

※講演内容、時間、および講演者は変更になる場合があります。

● **展覧会入場料が必要です（￥1,000）**

● **要事前申込み　http://u35.aaf.ac/　または【U35】で検索**

U-35 記念シンポジウム

会　場　グランフロント大阪 北館4階 ナレッジシアター

定　員　各回 381名　（事前申込制・当日会場にて先着順座席選択）

入　場　（各回）￥1,000

問合せ　一般社団法人ナレッジキャピタル

〒530-0011　大阪市北区大深町3-1

グランフロント大阪 北館 4F ナレッジシアター

TEL　06-6372-6434

※ JR「大阪駅」中央口（うめきた広場）より徒歩3分
地下鉄御堂筋線「梅田駅」より徒歩3分

申込方法　下記ウェブサイトの申込みフォームよりお申し込みください。

http://u35.aaf.ac/

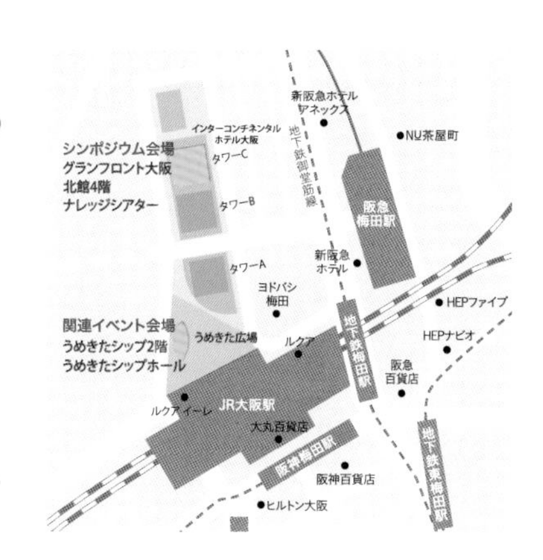

U-35 展覧会 オペレーションブック 2022-23
展覧会開催記念限定本

発行日	2022年5月22日（日）
会期	2022年9月30日（金）-10月10日（月）
会場	うめきたシップホール（グランフロント大阪 うめきた広場 2F）
執筆	奥本卓也　甲斐貴大　Aleksandra Kovaleva＋佐藤敬　佐々木慧　西倉美祝　森恵吾＋張婕　山田健太朗
特別寄稿	蓑豊（兵庫県立美術館） 音羽悟（神宮司庁） 木村一義（シェルター） 木村均（ケイミュー） 西岡利明（SANEI） 増井健太郎（グランフロントTMO） 丸山優子（山下PMC） 平沼孝啓（平沼孝啓建築研究所）
発行	アートアンドアーキテクトフェスタ
アートディレクション 制作・編集	平沼佐知子（平沼孝啓建築研究所）
学生協力	天野萌絵（金沢大学）有馬佳恵（武庫川女子大学大学院）安念玉希（神戸大学）池田怜（武庫川女子大学大学院） 岩屋百花（関東学院大学）小川さやか（武庫川女子大学大学院）亀谷拓海（大阪工業大学）左近理江（京都女子大学） 塩田柴乃（関西学院大学）杉田美咲（畿央大学）高田颯斗（立命館大学）戸田紀代美（名古屋大学） 中井結花（京都橘大学）中村菜瑠光（武庫川女子大学）平西明日香（三重大学）平松花梨（武庫川女子大学大学院） 福本拓真（京都工芸繊維大学）保坂日南子（三重大学）森本将裕（京都建築大学校）山本康揮（大阪工業大学大学院） 吉田雅大（近畿大学）米澤桃子（修成建設専門学校）
印刷・製本	グラフィック
撮影・写真	繁田諭（繁田諭写真事務所）